Prefeitura da Cidade do Rio de Janeiro e
Secretaria Municipal de Cultura apresentam

A costura da cidade

ANTONIO EDMILSON MARTINS RODRIGUES

A costura da cidade

A construção da mobilidade carioca

Ensaio fotográfico de

VALDA NOGUEIRA

BAZAR DO TEMPO

Este livro foi revisado segundo o Acordo Ortográfico da Língua Portuguesa de 1990, em vigor no Brasil desde 2009.

EDITORA
Ana Cecilia Impellizieri Martins

COORDENAÇÃO EDITORIAL
Maria de Andrade

PESQUISA DE CONTEÚDO
Rafaela Albuquerque

PESQUISA ICONOGRÁFICA
Isabela Mota

PROJETO GRÁFICO
Angelo Alevatto Botino & Fernanda Mello

PREPARAÇÃO DE TEXTOS
Renato Lemos

COPIDESQUE
Elizabeth Lissovsky

REVISÃO
Leandro Salgueirinho

TRATAMENTO DE IMAGENS
Leandro Collares (Selênia Serviços)

ENSAIO FOTOGRÁFICO
Valda Nogueira

IMPRESSÃO
Rona

BAZAR DO TEMPO
PRODUÇÕES E EMPREENDIMENTOS CULTURAIS LTDA.

Rua Alexandre Stocler 353, Gávea
22451-230 – Rio de Janeiro – RJ
contato@bazardotempo.com.br
www.bazardotempo.com.br

PATROCÍNIO

PREFEITURA DO RIO
Secretaria Municipal
de Cultura

CONSÓRCIO CONSTRUTOR
Rio Barra

R696c
Rodrigues, Antonio Edmilson Martins - Fotografia Valda Nogueira

Costura da cidade, A / Antonio Edmilson Martins Rodrigues. -
Rio de Janeiro: Bazar do Tempo, 2016.
272 p.: il., fotogrs.; 50x25 cm.

ISBN:978-85-69924-10-4

1. Transporte urbano. 2. História. 3. Mobilidade urbana. 4. Rio de Janeiro. 5. Iconografia histórica. 6. Pedestre

CDD: 343.098 CDU: 625.7

ENCONTREI ESSA MOÇA numa segunda-feira de um ano que já vai longe. Como eu, estava no largo da Prainha, no antigo Angu do Gomes. De lá para cá foram muitos anos de risos e tensões que aumentaram o carinho e o afeto que até hoje dividimos. Um dia, surpreso, me dei conta da fortuna do encontro quando me deparei com estas palavras: "Ao meu amigo Ed pela imensa dedicação nos últimos dias, mas, antes disso, pela nossa querida amizade e o privilégio de flanar e vagabundear com inteligência por aí." Acabei de lê-las e pensei logo em João do Rio, que me inspirou neste livro e, por isso, ele é dedicado a Mariana, a moça, quase uma Isadora Duncan.

Para Vera, minha irmã, in memoriam

A MAIOR OBRA de infraestrutura urbana executada nos últimos anos na América Latina não é feita só de escavações, equipamentos pesados, concreto e aço. O Consórcio Construtor Rio Barra (CCRB), responsável pela implantação da Linha 4 do metrô entre a Barra da Tijuca e a Gávea, desenvolve um conjunto de ações que priorizam o cuidado com o cidadão, a cidade e o meio ambiente. Afinal, trabalhamos para mudar e melhorar a qualidade de vida das pessoas. Quando o metrô chega a novos bairros, melhora a qualidade de vida local, reduz os tempos de deslocamentos e o trânsito, e proporciona benefícios à saúde, meio ambiente e economia.

Iniciado em 2010, o trabalho alcançou muitos marcos na engenharia nacional, como a construção do maior bitúnel entre estações de metrô do mundo escavado em rocha, localizado entre a estação Jardim Oceânico, na Barra da Tijuca, e a estação São Conrado, assim como a construção da primeira ponte estaiada em curva para metrô. Além de cuidar da ampliação deste sistema de transporte de massa, o CCRB estreita os laços com a cidade na certeza de que é possível contribuir também para o desenvolvimento social e cultural de quem vive no Rio.

Por isso, ao longo dos seis anos de construção da Linha 4 do metrô, desenvolvemos ações educativas, culturais e ambientais. Patrocinar o livro *A costura da cidade* é mais um exemplo desse envolvimento com a cidade. Esta publicação valoriza a história do desenvolvimento urbano do Rio de Janeiro e o Consórcio Construtor Rio Barra espera que ela desperte o desejo de avançarmos com o transporte de massa sustentável na cidade.

Apresentação

ESTE LIVRO É, no fundo, uma homenagem ao usuário de transportes da cidade do Rio de Janeiro: o pedestre. Como tal, tratará das questões que envolvem a mobilidade urbana, traçando um perfil, no tempo, que combinará indivíduo, cidade e transportes. A estratégia que reunirá esse conjunto procurará "costurar a cidade" para compreender necessidades, problemas, sensações e soluções que envolvem os seus habitantes através de uma história de roteiros e personagens que darão vida ao que é aqui registrado.

Com isso, teremos a visão de uma cidade em movimento que cresceu a passos largos, mas que não foram suficientemente acompanhados por mudanças infraestruturais capazes de dar ao conjunto condições de pleno conforto e satisfação. As amarguras e desventuras de um pedestre são, assim, aqui apresentadas.

Nosso objetivo é que o leitor possa, lendo este livro, se sentir como um pedestre dentro da cidade, como os personagens de ficção que nele aparecerão e, a partir disso, refletir sobre seu próprio cotidiano.

Então, iniciemos essa costura da mui leal cidade de São Sebastião do Rio de Janeiro.

Cidade ao ar livre: meio de transporte que atravessou os tempos, as bicicletas se misturam à beleza natural carioca. Foto de José Medeiros, 1955. Acervo Instituto Moreira Salles

Prólogo

MARIANA SE ENCOSTA na bicicleta, toma fôlego e, num giro de quase 360°, observa o que está ao seu redor. Do ponto onde está, na ciclovia que corre rente à areia branca da praia do Leblon, ela consegue ver parte da Zona Sul do Rio de Janeiro. É uma visão espetacular: o mar azul como um céu invertido, os surfistas com suas pranchas depois da arrebentação, a areia branquinha da praia, as ilhas Cagarras ali de frente, a linha de prédios que contorna a orla de Ipanema, a pedra do Arpoador ao fundo. Há ainda a lagoa Rodrigo de Freitas, imaginada através da brecha do canal do Jardim de Alah. Por trás de tudo, como uma moldura entalhada em pedra, está a cadeia de montanhas que separa aquilo que é visto naquele momento do que está na outra parte da cidade. São muitos Rios em um só.

Estão lá, ocultos pelos morros, a Zona Norte, os subúrbios, o Maracanã, a maior parte das comunidades cariocas, as ilhas da baía de Guanabara, a sombra das tamarineiras, o samba e o funk, o cheiro de manga, os bairros imperiais, a pipa voada, o canto das cigarras, a Zona Oeste e, enfim, o Centro, que, apesar de não ficar exatamente na zona central da cidade, funciona como ponto de convergência para quem transita entre seus vários polos.

Ligar os pontos de uma grande cidade com um relevo tão acidentado quanto o do Rio de Janeiro é se deixar levar por um movimento constante, uma dança boa. O Rio – das ruas, dos túneis, dos trens e das barcas, das pontes e viadutos, das grandes avenidas, das ladeiras, dos becos e das vielas, dos muitos trilhos urbanos, das ruas de chão batido, das rampas, dos teleféricos, das estradinhas – se move por muitos caminhos.

Quando era jovem, Mariana viveu em um Rio de Janeiro que parecia estar insistentemente posando para folhetos de turismo, daqueles que enchem a imaginação dos viajantes com paisagens de sonhos. O Rio que herdara de seus antepassados era a Capital Federal, e suas ruas espelhavam o movimento político, cultural e econômico de todo o país. O Centro vivia sua plenitude, cercado, por um lado, pelos subúrbios da Central do Brasil e, por outro, pelos bairros da orla da Zona Sul, cada vez mais procurados. A cidade, nos rastros de seus muitos túneis, aterros e avenidas, buscava suas vocações. O Rio seguia a caminho do mar.

Mariana agora está na beirinha do mar acompanhando a neta, Júlia. A menina faz parte de uma geração que, a partir da virada para o século XXI, começou a alternar o carro com muitos outros meios de locomoção. Júlia já andou de patinete elétrico, de skate, de motocicleta e agora, cada vez mais, anda de bicicleta. É assim, fazendo da diversão um meio de locomoção, que ela aprendeu a transitar entre os bairros da sua cidade. Júlia sobre a bicicleta é como a cidade inteira que tenta se equilibrar entre o progresso e a sustentabilidade, entre o individual e o coletivo, entre o passado e o presente. Aos olhos da avó, Júlia já é o futuro.

Ao contrário de Júlia, Mariana não tem muita intimidade com o skate ou com os patinetes movidos à bateria, mas sabe bem o que é a bicicleta. Na verdade, quando a bicicleta foi inventada, o Rio de Janeiro era ainda uma cidade de rascunhos, uma cidade crua, de geografia complexa, montanhas, lagoas, baías e planícies isoladas umas das outras. Mariana se acostumou a ouvir dos pais (que ouviram dos avós, dos bisavós e assim por diante) como as transformações da cidade alteraram suas vidas – e vice-versa. Estar ali – ouvir novos barulhos do mar, sentir a maresia de um lugar que lhe é muito especial – lhe dá a sensação de estar também se modificando com a cidade. Mariana se sente renovada, viva.

Foi nessa mesma cidade que os antepassados de Mariana e de Júlia viveram e, cada um de um jeito, testemunharam suas transformações. Uma história de ligação íntima que se iniciou nos primeiros anos do século XIX, um pouco antes da chegada da família real portuguesa ao país. Nos traços da superfície – nas ruas, nos veículos que passam, nas roupas das pessoas – o Rio de Janeiro, desde aquela época, parece ter sido muito alterado, mas a essência, aquilo que lhe dá caráter, permanece sendo a mesma: uma cidade viva e misteriosa. Integrá-la plenamente é um desafio que não tem fim. O Rio era – e ainda é – uma cidade de retalhos, uma colcha delicada à espera de linhas para costurá-la por inteiro.

Capítulo 1

Mobilidade urbana e modernização

A paisagem carioca e a cidade em movimento

As linhas de locomoção e a expansão urbana

PODE PARECER ESTRANHO falarmos em mobilidade urbana no início do século XIX, e é mesmo. Aqui, a palavra mobilidade é apenas sinônimo de locomoção e não possui nenhum sentido conceitual. No devido momento, ela ganhará uma dimensão distinta e passará a ter sua complexidade assumida. Para nos movimentarmos pela cidade do Rio de Janeiro nos idos do século XIX, temos que olhar um pouco para trás, já que as mudanças urbanas que puderam ser assistidas neste século tiveram início em 1763, época central para a cidade, momento dos ventos iluministas que traziam consigo um novo desenho urbano para a cidade. O Rio de Janeiro tornava-se, então, a capital da Colônia Brasil, apelidada por alguns de "Nova Lisboa", o centro do poder português no Atlântico Sul.

A primeira imagem que iremos delinear é difusa, apagada no tempo. Antônio, primogênito da família Rodrigues, um dos primeiros antepassados da Mariana que atravessava a ciclovia carioca em 2016 a reconhecer a cidade como parte de sua alma, observa as ruas mal

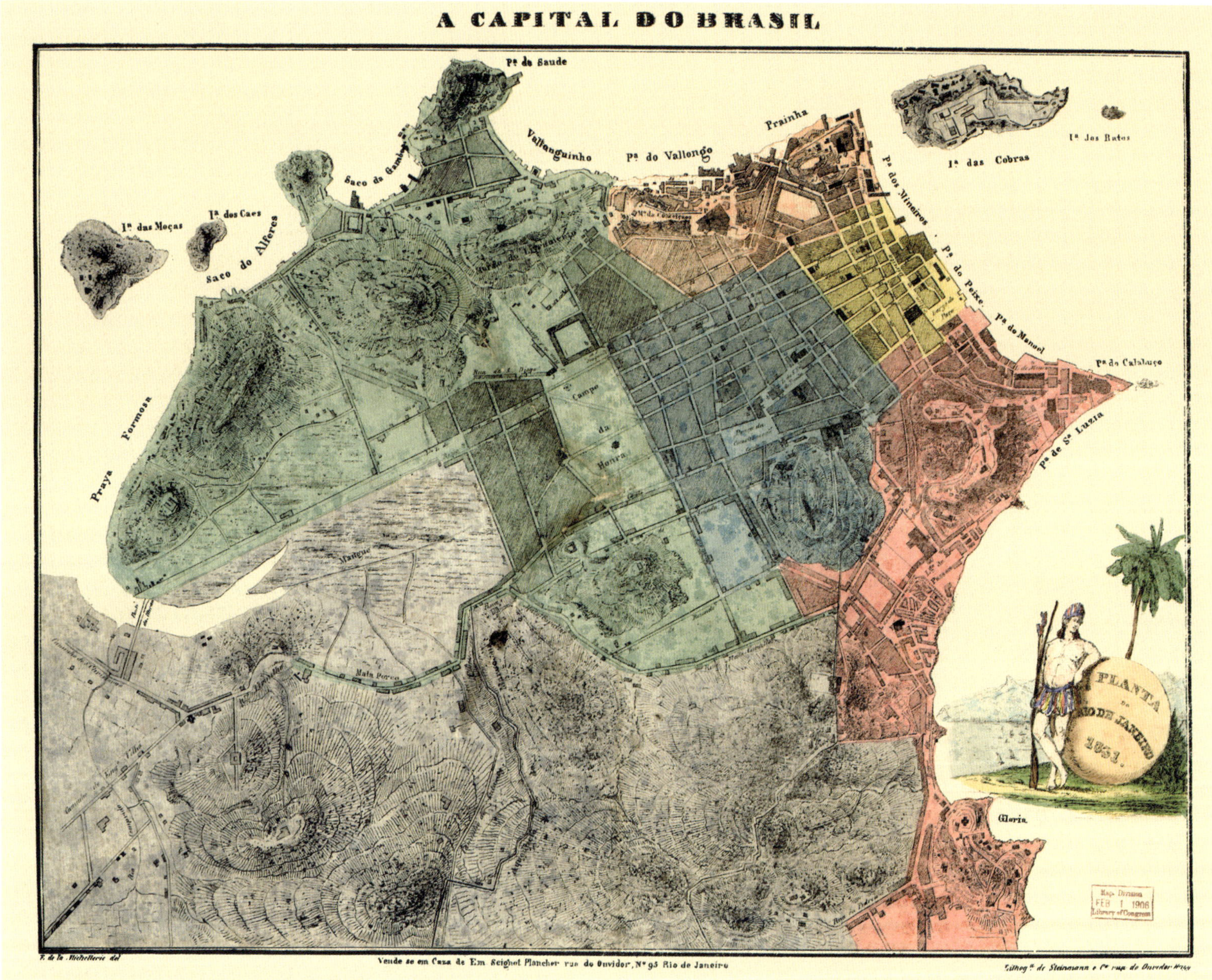

Datada de 1831, a planta baixa da então Capital do Brasil é de autoria de Eugène Hubert de La Michellerie e mostra o desenvolvimento urbano concentrado na região do Centro da cidade. O mapa é dividido em cinco cores que indicam paróquias: o amarelo é Candelária, o rosa é São José, o azul é Sacramento, o verde é Santa Anna, e o pêssego é Santa Rita. Acervo Lybrary of Congress – USA

PÁGINA ANTERIOR
No Brasil, entre fevereiro de 1822 e novembro de 1824, como membro da expedição comandada por Langsdorff, o pintor alemão Johann Moritz Rugendas registrou em aquarela o intenso movimento naval na baía de Guanabara.

O transporte por via marítma foi o principal meio de locomoção da cidade de São Sebastião do Rio de Janeiro até meados do século XIX. Acervo Instituto Moreira Salles

PÁGINA AO LADO
O movimento das ruas na primeira metade do século XIX: destaca-se o aspecto rústico do calçamento em pedras na principal avenida da cidade e o predomínio do transporte de tração animal. A atual rua Primeiro de Março, à época rua Direita, é vista aqui em litografia a partir de desenho original de Rugendas. Desenhada por Victor Adam (1801-1866) e litografada por Engelmann, Paris, a gravura fez parte da obra Voyage Pittoresque dans le Brésil, *editada em Paris, em 1835.* Acervo Biblioteca Nacional

definidas por uma iluminação precária, feita por lampadários suspensos na frente de igrejas, conventos e oratórios nas ruas. O cheiro é estranho porque o azeite de baleia, combustível da iluminação, exala um perfume forte de âmbar. Mais estranho ainda é que esse cheiro – como um daqueles perfumes que nos inspiram – lhe dá conforto e ânimo. Caminhando pela rua Direita (atual Primeiro de Março), vindo do Campo de Santana, por entre os cem lampiões ali existentes, a imagem começa a mudar. Ele segue o caminho do porto, e a iluminação é cada vez mais intensa até chegar ao Palácio dos Vice-reis.

Antônio trabalha no mercado que fica na subida da ladeira da Misericórdia, no morro do Castelo, onde a cidade realmente começou. Ele jamais poderia imaginar que, passados 250 anos, quando alguns de seus descendentes vivessem o dia a dia naquela mesma cidade, parte daquela paisagem – incluindo o morro do Castelo inteirinho! – já não estaria mais lá.

A partir da visão do antigo colégio dos jesuítas (que também sumiria da paisagem no futuro), ao alto, e ao contemplar a modernização que se iniciou com os vice-reis pombalinos, ele se recorda que, antes de trabalhar no mercado, havia visto a construção do aqueduto da Carioca e o aterro da lagoa do Boqueirão, onde acompanhou a construção do nosso primeiro jardim público: o *Passeio*. Essa recordação o fazia pensar em como a cidade se expandiu e o movimento das ruas mudou; afinal, no fim do século XVIII, a cidade é uma vibrante reunião de brancos e negros. Naquele momento, a porcentagem de cativos realizando serviços na cidade chegava a quase metade da população. Como um trabalhador livre, ele podia se dar ao luxo de parar e observar.

De manhã cedo, Antônio se encontra, novamente, no Campo de Santana. É mais que um caminho natural – é como se já estivesse viciado em passar sempre por aqueles mesmos lugares. Sua mãe, Judite, sempre lhe contava a história do lugar onde moravam. Narrava que, no século XVII, a região chamava-se Campo da Cidade, como se fosse a área de fronteira com o que, na época, era a cidade; no fundo, era o sertão da cidade, que tinha como limite a rua da Vala, grande artéria que recebia as águas da população. Desde aquela época, conduzido pelas palavras da mãe, ele se acostumou a reconhecer a região central da cidade, a que nascia a partir daquele campo, simplesmente como cidade. Muitos cariocas, através dos tempos, manteriam esse hábito. O Centro, para eles, seria sempre a "cidade".

Nesse campo, dizia a mãe, soltavam o gado para depois levá-lo ao matadouro. Andando por ali, era preciso ter cuidado com a combinação de areia e charcos, coberta de vegetação de restinga, onde se via uma vereda que levava aos engenhos dos jesuítas e à qual davam o nome de caminho de Capueruçu.

Mais tarde, pela fé dos que viviam na região e com a boa vontade da Irmandade de São Domingos, construíram uma igreja, e o campo passou a se chamar de São Domingos. No começo do século XVIII, foram instaladas as primeiras chácaras ao redor do campo. Habitações que ainda mantinham características rurais, para a manutenção de pomares, hortas e a criação de animais, evidenciavam um movimento de ocupação na região que ainda era pequeno, tornando aquele campo deserto um lugar de despejo de lixo, recolhido pela cidade. Em torno da devoção à santa Ana, cresceu então a circulação de pessoas, uma vez que ali, em sua homenagem, foi erigida uma igreja. A região ressurgiu, assim, como Campo de Santa Ana, ou Campo de Santana.

A família era grande e experimentava distintas vivências na cidade. Seu tio José, que trabalhava nos engenhos da lagoa Rodrigo de Freitas, lhe contava muitas estórias daquelas bandas. Falava das lutas contra os índios, dos arpoadores de baleias, das águas límpidas que vinham dos morros e das praias de águas azul-esverdeadas. Curioso, Antônio pensava nos homens em cima das pedras arpoando baleias e no serviço de corte desses mamíferos na areia. Mais que tudo, Antônio gostava de imaginar o mar com ondas grandes, em muito diferente do espelho de águas calmas da baía de Guanabara. O mar da sua imaginação era algo a ser domado, conquistado. Como parte da cidade seria também, tempos depois, quando a população se expandisse em direção ao sul, ao litoral do Atlântico.

Naquele tempo, só se chegava à lagoa com muita dificuldade, primeiro tomando um barco, depois pelo caminho velho da Lagoa, chegando à Ponte de Tábuas e remando da Igreja de Santa Margarida Maria até a outra margem da lagoa. Dava gosto ver as canas plantadas em toda a orla da lagoa. Suas flores sobressaíam e encantavam as paisagens, e o movimento de barcos dava ideia do valor dos negócios.

E para além dos limites da cidade, o mar. Dos seus postos de imaginação – do alto do morro do Castelo, por exemplo – Antônio gostava de ver o movimento dos navios e barcos que ligam o porto aos portos do outro lado da baía. Depois, até mesmo depois daquilo que a vista podia alcançar, estava o horizonte, o lugar de onde tudo vinha e para onde tudo ia.

Certa vez, entrou num desses barcos que atracavam no porto e visitou o outro lado, navegando em direção a São Gonçalo e à vila da Praia Grande, observando o movimento intenso das mercadorias nos portos da Pedra, da Madama e das Caixas. Também percorreu o sentido inverso e deu de cara com o porto que futuramente seria chamado de Mauá, e na volta lhe mostraram as bandas de Inhaúma e Irajá. Durante a noite ficou sabendo, por um tutor de matemática, que a baía da Guanabara era o maior porto negreiro das Américas e isso decorria da expansão da cidade e da economia colonial.

Antônio gostava de ir à missa na Sé, localizada na rua Direita, mesmo pela manhã. Por entre capelas, becos e vielas repletos de pedintes, desde crianças, imigrantes sem trabalho a camponeses pobres, doentes, assustava-o o movimento de carruagens, de cadeirinhas e redes levadas pelos negros. Na sua cabeça, não havia distinção entre as pessoas, eram todas iguais, independentemente do lugar que estivessem ocupando nos "veículos": se dentro das carroças ou as conduzindo junto aos animais. Por isso, fez de muitos negros seus amigos, amizade forjada no duro cotidiano do trabalho. Com os negros, ouvia estórias escabrosas sobre a chegada nos navios negreiros, lá nas bandas do Valongo. Via o trabalho escravo com maus olhos e, por vezes, acompanhava alguns desses amigos a uma construção tosca, que chamavam de terreiro. A cidade – o recanto, as pessoas, a fé e a cultura – não tinha limites. Principalmente quando havia o convite para comer um angu com miúdos de porcos, prato típico da culinária africana. Para Antônio, o angu dos negros, que não fazia parte do cardápio da classe média da cidade, era de lamber os beiços.

A cidade de Antônio era um lugar para ser explorado a pé. Caminhar, sentir o lugar que pisava, ver tudo de perto. As solas dos sapatos, reforçadas em um sapateiro que trabalhava próximo ao prédio do Paço, era o veículo que o levava a todos os cantos. Antônio se deu conta de que a cidade crescia em todas as direções, e que as construções que antes ficavam afastadas já haviam sido, de há muito, incorporadas à cidade, como a da sua família.

Os lados do Valongo, no bairro da Saúde, cresceram, já chegando às quintas de cajus e às chácaras de São Cristóvão. Alguém lhe disse que, tempos antes, quem dominava as rotas de saída da cidade eram os jesuítas, os quais, até serem expulsos, tinham em São Cristóvão um colégio. Dali seguiam por uma estrada que chegava a Santa Cruz, onde começava a fazenda dos irmãos de Cristo, onde produziam carne, frutas, legumes, arroz e mandioca, enviados por meio de rios e canais para o abastecimento de seu educandário, mas também por vezes avançando até Parati e para dentro, até as Minas Gerais. Aos olhos de Antônio, o Rio de Janeiro, enorme e em permanente mutação, era como um mundo inteiro, um lugar impossível de se conhecer ao longo de uma única vida. Seria necessário, então, que viesse alguém do outro lado do mundo para encurtar as distâncias.

No dia 8 de março de 1808, com a chegada da rainha e do príncipe regente Dom João, a cidade ganhava mais quinze mil almas. Era a comitiva do poder português se instalando na cidade. Os portos do Brasil estavam abertos para as nações amigas, superando o Bloqueio Continental feito por Napoleão. Com a população de cinquenta mil habitantes, o Rio de Janeiro se tornava a grande metrópole tropical e, agora, capital do Império português. A presença da Corte alterou o comportamento e a organização da cidade. A visão já não era mais a mesma: o regente já havia mandado retirar, em 1809, os muxarabiês, treliças das janelas, dando origem a sacadas e balcões, pontos de vigília, mas também de exposição, sobretudo das mulheres. Os elementos retirados lembravam a cidade colonial, onde as casas se escondiam das ruas e as famílias pouco circulavam.

A família real trazia, assim, o progresso e a civilização e, com eles, ficavam ameaçadas as tradições. Muitas delas se mantiveram por necessidade, como a escravidão. A abertura dos portos acarretava maior complexidade ao espaço. Da abundância de embarcações e casas comerciais inglesas, que logo se estabeleceram, ao movimento de embarcações repletas de norte-americanos e espanhóis, Antônio pôde ter sua rotina modificada pelo crescente contato com diferentes costumes, línguas, religiões. Nunca se tinha visto tanto movimento de chegada de navios e mercadorias. Navios que iam do Havre para a China, de Nápoles para Montevidéu, do Pacífico para Nantucket, atraídos por ventos e correntes do Atlântico Sul, por vezes atracavam na cidade, conferindo-lhe uma configuração particular. De onde estava, no alto do morro do Castelo, Antônio tinha a impressão que o mundo inteiro decidira visitar sua cidade.

Naquele momento, a área urbana do Rio de Janeiro estava constituída por cinco freguesias: Candelária, Santa Rita, São José, Santana e Sacramento, que compreendiam a região do Centro e da área portuária, limitada, de um lado, pelo mangue do saco de São Diogo, na freguesia de Santana. A população crescia em progressão geométrica. Era preciso, pois, alterar a geografia da cidade para a acomodação de novas habitações: cerca de seiscentas casas de 150 chácaras nos arredores da cidade, construídas entre 1808 e 1816. O movimento de expansão da cidade se iniciava, assim, com a ligação entre a Quinta da Boa Vista, doação do comerciante Elias Antônio Lopes à família real, e o largo do Paço. Parte do mangue foi aterrada para facilitar o acesso ao Palácio da Corte: o caminho das Lanternas (depois rua Senador Eusébio) passou a ser, então, a ligação com São Cristóvão, e o saco de São Diogo viu suas áreas serem ocupadas, cada vez mais, por

TEMPOS DE LUZ

Em 1815, a família real portuguesa completava sete anos de Brasil, e, até então, Dom João VI parecia estar apenas esperando Napoleão desistir de incorporar Portugal à França para retornar à Europa. Naquele ano, no entanto, o Brasil foi elevado a Reino Unido de Portugal e Algarves, projetando mais anos de Império no além-mar e colocando a colônia tropical sob a luz de holofotes. Pelo que se via, Dona Carlota Joaquina ainda passaria um bom tempo se desentendendo com a criadagem, flertando com serviçais, azucrinando a vida do imperador e, ufa!, reclamando do calor.

Para saudar os novos tempos, no ano seguinte o Senado ordenaria a iluminação da cidade, para "dar graças a Deus pela exaltação do reino". Para abrigar o trajeto de Dom João à missa, "estavam as janelas ornadas de cortinas de sedas de várias cores e qualidades que faziam um engraçado matiz, ocupadas por pessoas de ambos os sexos elegantemente vestidas, as quais, querendo dar um sensível testemunho do seu amor à Augusta pessoa de S. A. R., assim como do júbilo, que alvoroçava seus corações, lançavam sobre o coche que conduzia o Nosso Amável Soberano, grande número de flores, que juncavam as ruas, e perfumavam a atmosfera com o cheiro mais agradável".[1]

O lampião a "azeite de peixe" fez parte do cenário carioca até o início da segunda metade do século XIX, quando começaria a ser substituído pela chegada do gás. A pintura é de José dos Reis Carvalho, "A iluminação de azeite de peixe", de 1851. Acervo Biblioteca Nacional

1 Gazeta do Rio de Janeiro. 24 de janeiro de 1816. BIBLIOTECA NACIONAL. PR_SOR_001_749664. Disponível em <memoria.bn.br>. Acesso em 20 jun 2016.

Cadeirinha de arruar pintada por Debret em 1839: "Transporte de uma criança branca, para batismo na igreja". Acervo Biblioteca Nacional

judeus e ciganos, sobretudo nos arredores da rua da Vala. Era naquelas bandas que morava o conhecido Rabelo, cigano traficante de escravos no Valongo.

Do mesmo modo, o incremento produzido pela presença da Corte levou a um processo de reformulação urbana que, partindo do que já havia sido feito pelos vice-reis, como também do Passeio Público, desenvolveu o Jardim Botânico, importante área de pesquisa da flora brasileira, que representava, ainda, a expansão da cidade na direção sul. A cidade ganhou uma casa da Moeda; a rua Direita, o Banco do Brasil. Paralelamente, a Escola de Música e a Biblioteca Real, com livros da biblioteca da Ajuda (nome dado à Biblioteca Nacional de Portugal, transferida com a vinda da corte, e responsável pelos exemplares raros da nossa Biblioteca Nacional), davam o tom do novo.

O fim das guerras napoleônicas impulsionou ainda mais mudanças. Com a chegada, em 1816, da Missão Artística Francesa, que tinha como meta a criação da Academia de Artes e Ofícios, constituía-se uma situação nova para a cidade. De um lado, porque desembarcavam experientes artesãos e artífices, além de arquitetos e pintores. Dois entre eles se destacaram pelas intervenções na cidade: Debret e Grandjean de Montigny. Debret seria uma espécie de documentarista das transformações humanas da cidade, e Grandjean de Montigny, um arquiteto que daria ao Rio de Janeiro novas feições urbanas. O mundo de Antônio parecia inteiramente novo a cada momento.

O Campo de Santana ganhou um aterro nivelador do terreno e saneamento, tornando-se um espaço de divertimentos populares religiosos e militares, palco das maiores festas do Divino Espírito Santo. As quermesses e o teatro de bonecos tomavam conta do domingo após a missa e faziam a festa dos mais jovens. A região do mercado da Misericórdia se modificava para receber a Escola Anatômica Cirúrgica e Médica, embrião da Faculdade de Medicina.

Com esses melhoramentos e a presença do poder português na cidade, as questões críticas do abastecimento de água e dos esgotos ganharam importância. Antônio – que podia ser um dos personagens retratados por Debret – carregou muita água nas costas porque a cidade era abastecida pelo rio Carioca, que jogava água nos chafarizes da Carioca, aquele das dezesseis carrancas, a fonte das Marrecas, do Moura e do Paço. Antes disso, era preciso ir ainda mais longe, de canoa até uma parte da praia do Flamengo, onde o rio se encontrava com o mar, ou então em lombo de burro, nas Laranjeiras. A hora de ir ao chafariz ou à fonte o fazia lembrar dos bebedouros de cavalos e da felicidade de encontrar amigos e amigas, lavadeiras em seus tanques, ou escravos carregadores que vendiam água pela cidade. Circular pela cidade significava estar próximo das pessoas, sentir a pulsação das ruas.

Isso tudo, contado por Antônio, que é nossa agulha e linha desse primeiro passeio, nos mostra que, naquele período, o transporte tinha um caráter individual e privado. Eram as redes, as cadeirinhas de arruar (conhecidas como gaiolinhas, feitas de couro de vaca, traziam as cortinas sempre fechadas quando transportavam damas) e as serpentinas, liteiras de estilo indiano com cortinas e um leito em forma de rede, que circulavam pela cidade, mas a maioria da população andava a pé. Podiam-se ver, também, as liteiras, onde se acomodavam duas pessoas, carregadas por escravos por vezes trajando perucas e fardas.

"Rede", de E. Hildebrandt Briggs, de 1846-49. Acervo Instituto Moreira Salles

Nesse sentido, antes da chegada da família real, a circulação era privilégio dos proprietários e dos funcionários ricos. No Campo de Santana, Antônio via passar distintos transportes levando os funcionários e as autoridades para o Paço. Dom João havia aportado na cidade com cerca de 48 coches, conduzidos por funcionários vestindo fardas nas cores vermelha e ouro. Para o seu transporte, as seges também iam se tornando comuns. Com duas rodas grandes e dois assentos no interior, eram puxadas por dois animais e conduzidas por um cocheiro, com uniforme que consistia em uma jaqueta, chapéu alto de couro, botas e esporas. Com elas dividiam espaço as traquitanas, que eram parecidas com as seges, mas tinham quatro rodas. Rodavam também as *calèche* francesas, carruagens que permitiam transportar duas pessoas.

Com o crescimento da população e dos negócios, foi necessário abrir novas comunicações, principalmente em direção ao morro de Santa Teresa que, em 1810, foi ocupado pelas Carmelitas. Essa região se tornou um espaço de renovação urbana quando do aterro do pantanal de Pedro Dias, que deu origem às ruas dos Inválidos, do Lavradio e do Resende. O largo da Lapa, célebre manguezal, foi aterrado e nivelado, permitindo o acesso à rua Mata-Cavalos (atual rua do Riachuelo). Para lá, se encaminharam as famílias aristocráticas estrangeiras e da terra que se deliciavam com o ar de Europa da região. Mas, da mesma forma, cada um cuidava de seu transporte.

Antônio assistiria a tudo boquiaberto. Ficava esperando passar as diligências que iam para São Cristóvão e observava as instalações de novas chácaras na região que habitava e ao redor da Quinta da Boa Vista. Eram para lá de 150, além da quinta do comerciante José Gouveia Freire, comprada pelo regente para seus banhos de mar na ponta do Caju, lançando moda na cidade. O Rio tinha outra cara: além dos banhos de mar, adentraram no dia a dia novos hábitos alimentares (e ninguém aqui está mencionando a predileção de Dom João pelas coxinhas de galinha), novas práticas de leitura motivadas pela Imprensa Régia. Sendo assim, sobretudo as moças já podiam ler novelas como *Paulo e Virgínia*, *O diabo coxo*, *A boa mãe*, *A mãe má*, e a *História de dois amantes*, produzidas e vendidas pela *Gazeta do Rio de Janeiro*, e que, entre outras tantas, eram contadas a filhas, irmãs e amigas. As "modas europeias" em suas diversas formas alastravam-se pelo Rio, então agitado pelos cerimoniais da corte, festas que costumavam atrair multidões de homens bons, livres e escravos.

Antônio, àquele momento, já não trabalhava no mercado. Com o seu talento tornou-se despachante de mercadoria no porto e não parava um minuto, pois no porto esperavam para desembarcar cerca de cinco mil embarcações. A vocação para a vida na beira do mar, que de muitas formas se espalharia por sua família através dos tempos, fazia o garoto imaginar como seria a vida do outro lado do oceano – mas a necessidade o deixava em terra firme, com os pés no chão. Seu sonho imediato era comprar um cavalo castanho, e tinha de juntar tostões, o que poderia acontecer bem rápido. A intensificação do movimento alargou o uso da orla da cidade em direção a São Cristóvão.

O cais dos Mineiros aumentou seu movimento e abriu caminho para a expansão dos píeres vinculados aos trapiches e armazéns de trigo e couro, transformando também a Prainha no lugar de descarregamento de madeira, açúcar, sal, gêneros agrícolas e cal de mariscos, que vinha principalmente da ilha do Governador. Também essa parte se transformou, com aterros e companhias de navegação, movimentando cargas e pessoas.

Do paredão marítimo inicial quase nada existe quando da chegada da Corte portuguesa. A área onde Antônio trabalha já havia sido modificada pela construção do Palácio dos Vice-reis, ganhando uma feição – plana, ampla, ensolarada – similar à praça do Comércio de Lisboa. Essas transformações originaram a construção do chafariz de mestre Valentim e o local passou passou a se chamar cais Pharoux, pela proximidade do hotel com o mesmo nome. Alguns dizem que foi um francês, Louis Pharoux, que também havia chegado ao Brasil em 1816, que construiu o cais com dinheiro próprio. Era de lá que, no século XVIII, se planejava um túnel ligando o Rio à vila real da Praia Grande, nunca realizado, mesmo depois de cinquenta anos de tentativas. O chafariz era rodeado, lateralmente, por duas escadarias que melhoraram o desembarque de passageiros, embora estes não saíssem diretamente do navio para o ancoradouro. Eles vinham em catraias, pequenas embarcações que possuíam duas proas. Para o desembarque, também eram usadas faluas, com remos e dois mastros, que faziam a travessia para a mesma praia Grande, numa viagem que demorava três horas.

Neste processo, o porto do Rio se tornava cada vez mais internacional e necessitava

Atualmente praça Quinze de Novembro, o Cais Pharoux foi um dos mais ativos pontos de embarque e desembarque no Rio de Janeiro. Aqui o local é visto pelas lentes de Marc Ferrez, em 1880.
Acervo Instituto Moreira Salles

de mudanças. Em 1820, Montigny concluiu o prédio da praça do Comércio que abrigaria a nova alfândega, hoje Casa França-Brasil. Responsável pela adequação da cidade ao estilo neoclássico, iniciando a saída da cidade das marcas coloniais, tinha sido ele o arquiteto do antigo mercado da cidade, originalmente ao relento. Toda a região do cais do porto, sob o traço de Montigny, reproduzia muito do que se via na Europa, numa concepção que conciliava estética, praças de grandes dimensões e funcionalidade.

Por terra, para as viagens mais longas, eram usados os carros de bois e cavalgaduras, que comportavam até cinco pessoas. Já em 1817, com as novas dimensões da cidade que crescia em todas as direções, surgiram as diligências, que eram grandes carruagens de quatro rodas puxadas por quatro cavalos. No início, entretanto, as diligências só iam até São Cristóvão, e embora o número de passageiros que andasse nelas ainda fosse pequeno, elas davam acesso aos serviços urbanos a domicílio, transportando lavadeiras e vendedores ambulantes. Além disso, elas permitiam um serviço mais rápido para fora da cidade. Os moradores de Santa Cruz, por exemplo, afastados mais de 50 km da região central, levavam, de diligência, cerca de cinco horas para chegar até o Campo de Santana, com quatro mudas de cavalos, tempo muito inferior ao dos carros de bois, que podiam levar até cinco dias. Melhorou, assim, a relação com as áreas externas à cidade, diminuindo o tempo de transportes de passageiros e mercadorias.

Se as diligências representavam o novo, inserindo no Rio um transporte coletivo por excelência, a baía de Guanabara igualmente se enchia de empáfia diante do acontecimento de 1819: navegava por ela o primeiro barco a vapor, por iniciativa do marquês de Barbacena. Não era só isso. Aos olhos de um curioso Antônio – que receberia a mãe na inauguração de seu escritório, na borda da baía – surgiam as embarcações a remo e à vela, mostrando a convivência diária do novo com o tradicional.

As diligências, grandes charretes de uso comum, foram o primeiro tipo de transporte coletivo da cidade, inaugurado no começo do século XIX. Acervo Light. S/d.

Com a independência, em 1822, a cidade se transforma do dia para a noite. A população toma conta das ruas, e as festas incluem a todos. Antônio avista de longe as luzes do Paço e tenta compreender o que está acontecendo. O país – e por consequência sua cidade – está mudando de uma forma radical. Ele já tivera pistas dessas mudanças. Meses antes percebeu os conflitos entre os "portugueses" e os "brasileiros", ouvindo os cocheiros por toda a cidade. Antônio sabia que os cocheiros – como taxistas de outros tempos – eram os primeiros a perceber problemas.

A nova condição do país independente e da autonomia para os negócios contagia a todos, e a cidade recebe um novo vento de renovações. Na região da Prainha crescem os armazéns e o movimento na baía, afinal, por essas bandas só se chegava e saía de barco. Esse lugar de expansão era conhecido como "Chacrinha" e situava-se nas imediações da Prainha, da rua Nova de São Bento e adjacências e de lá ia para o Centro.

Com a nova conjuntura, a imprensa ganha força e torna-se importante para o conhecimento e para informações sobre a cidade. Em 1827, Pierre Plancher inaugurou o seu jornal, na rua do Ouvidor. Famoso durante décadas, o *Jornal do Commercio* seria conhecido por ser aquele que melhor informava, desde negócios até venda de escravos. A expansão da população no Catete e Glória e o crescimento da ocupação das Laranjeiras determinam mudanças no zoneamento da cidade. A ampliação da linha sul dá origem a uma nova freguesia: Glória, desmembrada de São José em 1834.

No ano seguinte, 1835, inaugura-se o serviço formal de barcas entre o Rio e Niterói, realizado pela Sociedade de Navegação de Nictheroy. Antônio fez questão de estar presente à inauguração, refazendo, agora numa barca segura e confortável, a travessia que, tempos antes, o levara ao outro lado da baía de Guanabara. As três primeiras barcas eram Praia Grande, Niteroiense e Especuladora. Todas fabricadas na Inglaterra, faziam o serviço de hora em hora, das seis da manhã às seis da tarde, e a travessia era feita em 30 minutos, ao preço de 100 réis durante a semana, enquanto no domingo o preço subia para 160 réis.

Diligência usada para subir a serra. *Museu Imperial - Col. Arquivo Histórico*

O uso comercial da circulação de embarcações na baía de Guanabara passava a concorrer com o lazer, na época chamado de passeio. Para Paquetá, idealizada por Macedo, havia um serviço regular feito por outra companhia, saindo do cais dos Mineiros e com uma curiosidade: os preços eram distintos para passageiros calçados e descalços. Antônio se aventurou por uma dessas barcas, tinham-lhe dito

BONDES AO MAR

Em 1843 foi inaugurada uma "carreira" de barcos a vapor ligando o saco do Alferes, na Gamboa, a Botafogo. O número de passageiros era grande, e as barcas saíam do Centro para Botafogo, todos os dias, às 7h30; 10h; 14h30 e 18h30; e de Botafogo para o Centro às 6h30; 08h30; 13h00; 15h30 e 17h30. As passagens custavam, por passageiro, 200 réis, para pessoas calçadas; 120 réis, para soldados; 80 réis, para escravos e para pessoas descalças. Já naquele tempo, era comum que o passageiro que se dispusesse a ser confundido com um escravo ou com um "Zé Ninguém" escondesse o par de sapatos no alforje para pagar um preço menor.

Com a inauguração da linha de bondes da concessionária Botanical Garden até Botafogo, no dia 18 de dezembro de 1868, começaram a escassear os passageiros que iam por via marítima. Mesmo assim, em 1874, ainda podiam ser vistas algumas barcas trafegando, aos domingos e feriados. Botafogo, por ser um bairro muito procurado para um bom banho de mar por pessoas abastadas, era o destino mais lucrativo da companhia.

A Companhia Barcas Fluminense manteve, até a construção do aterro do Flamengo, uma estação na área do final do morro da Viúva, mas sem grande uso.

Na imagem, a primeira barca que ligou o Rio a Niterói, em 1835: funcionamento com sistema a vapor. Acervo Museu da Imagem e do Som - Col. Jurandyr Noronha

maravilhas de Paquetá, mas, para economizar, tirou os sapatos e os colocou na bolsa.

Paquetá, que ainda hoje conserva suas ruas sem automóveis, era como um paraíso idealizado, com as amendoeiras e os flamboyants dominando a paisagem. Lá, depois de calçar os sapatos, Antônio tomou uma charrete que o levaria para os recantos famosos do lugar, como a pedra da Moreninha. No caminho, logo na saída do cais e virando a esquerda, ele se deparou com o casario baixo da ilha, uma delas ocupada por José Bonifácio de Andrada e Silva, um dos pilares do movimento da Independência que ganhava corpo no país e que, anos mais tarde, nomearia aquele trecho de praia. As águas limpas eram um convite para o banho de mar, mas, por mais que os hábitos introduzidos por Dom João VI despertassem a curiosidade da população, poucos se aventuravam a algo mais que uma breve molhada nos pés, como fez Antônio.

Em 1837, passam a fazer parte da paisagem do centro os "omnibus". A Companhia Omnibus é criada por iniciativa do juiz Aureliano de Souza Coutinho, o Visconde de Sepetiba. Aparecendo como a grande novidade da época, a companhia concorre fortemente com os outros tipos de transportes e abre definitivamente espaço para o transporte coletivo, fazendo frente às gôndolas que circulam a partir de 1838. Esses veículos foram importados da França, e circulavam pela cidade quatro carros de dois andares, puxados por animais, que transportavam de vinte a vinte e quatro passageiros.

Os primeiros passeios de barca levavam os cariocas a descobrir a bucólica ilha de Paquetá. Na foto de Marc Ferrez, c. 1890, as águas calmas e a paisagem paradisíaca. Acervo Instituto Moreira Salles

Arejados como os bondes e puxados por cavalos ou burros, assim eram os chamados "omnibus" de antigamente. *Acervo Museu da Imagem e do Som - Col. Jurandyr Noronha*

As gôndolas surgiram pelo aumento da população somado ao ambiente de euforia econômica. Seus proprietários, a partir de 1838, passam a fazer a linha Centro-São Cristóvão, substituindo as diligências, que continuam existindo. As gôndolas eram pequenos ônibus, puxados por burros, transportando até nove passageiros. Eram pesadas e oscilantes, entretanto, baratas e, por isso, se popularizaram.

Os negócios de uma cidade que é a capital do Brasil crescem diariamente. Em 1838, os irmãos Heinrich e Édouard Laemmert inauguram a Typografia Universal, na rua do Lavradio, depois de já terem criado, na mesma rua, a Livraria Universal. Eles tiveram um papel decisivo na apresentação do movimento de crescimento da cidade através da publicação do *Almanaque Laemmert*.

Com os novos tempos, as críticas à escravidão aumentam, e isso acelera a incorporação de novos padrões sociais. Na década de 1840, com as questões voltadas para a ilegalidade do tráfico de negros, a paisagem carioca se modifica nas regiões do Valongo, do Valonguinho e da Gamboa. O cais do Valongo recebe modificações para receber a comitiva da imperatriz Teresa Cristina e as marcas da escravidão começam a ser apagadas. O cais, maior porto de recepção de negros africanos, passou a se chamar cais da Imperatriz. As antigas regiões de acomodação dos negros vão se transformando em armazéns ligados à importação e à exportação.

Em 1843, a cidade e o Brasil passam a ter uma linha regular de paquetes a vapor para a Europa. A primeira ligação é entre o Rio de

EFFEITOS DA CONCURRENCIA.

Parabens aos habitantes de S. Christovão! Uma nova gondola com o nome *Leviathan* (*Great Eastern*), vai ser posta á disposição do publico. E' puxada por 18 bestas, tem uma machina auxiliar movida a vapor e mastreação para velame em caso de qualquer accidente. A passagem é gratuita, e como brinde, recebe cada passageiro ao desembarcar um charuto de Havana do custo de 200 rs.

Em 31 de julho de 1864, o jornal Semana Ilustrada divulgava a imagem desta enorme gôndola, uma espécie de charrete de três andares, pública e gratuita. Acervo Fundação Casa de Rui Barbosa

Janeiro e o porto de Havre, na França. O serviço era feito por oito navios de 600 toneladas, com saída a cada dia 25 do mês. Posteriormente, esses navios aumentaram as suas rotas, incluindo a ida a Buenos Aires e Montevidéu e, passando por Falmouth, ilha da Madeira e Lisboa. O curioso é que os passageiros levavam sua própria roupa de cama e também o colchão. A tecnologia dos barcos a vapor se desenvolve, neste mesmo ano, no próprio espaço urbano do Rio, com a instituição de uma linha de vapores que ia do saco do Alferes (Santo Cristo) até Botafogo. Essa linha indicava o processo de saída da aristocracia de São Cristóvão para a área sul da cidade. As áreas de Catete e Glória já apresentavam uma ocupação permanente de setores sociais mais ricos.

Antônio já não é apenas um mero espectador dos fatos. Desde menino, a convivência com os trabalhadores mais humildes, com a gente do povo e até mesmo com os escravos lhe deu uma compreensão das questões humanas. Por isso, quando os primeiros gritos pelas reformas sociais se fizeram ouvir, ele estava pronto para lhes fazer eco. E quando os primeiros movimentos pela abolição – ainda que tímidos – ganharam as ruas, ele estaria lá também.

As novas necessidades da cidade, geradas pelo aumento da população e pela necessidade de adequação aos padrões europeus, originam o primeiro plano urbano da cidade: Plano Beaurepaire, em 1843. Visando ordenar a cidade, o plano considerado colossal propunha redesenhar a cidade de acordo com um critério de regularidade, adicionando ruas paralelas àquelas importantes na região portuária, como a da Direita e a rua da Quitanda. Intentava, igualmente, para além de seu plano inicial de intervenção nas regiões até o campo da Aclamação, retificar itinerários em direção à parte sul da Cidade, bem como a São Cristóvão e Vila Isabel. A evolução é tão frenética que as notícias voam. A sociedade fluminense fica tensa com o primeiro desastre na travessia para Niterói. Em 1840, a barca Especuladora explode e, dos duzentos passageiros, sessenta morrem.

A intensificação da ocupação nas regiões sul da cidade transforma Botafogo no lugar ideal para a construção de ancoradouros – vocação que se reproduziria através dos tempos, com as mais diversas embarcações se aproveitando das águas tranquilas da enseada. Mais uma companhia, em 1844, cria uma linha de vapores entre a ponta do Caju e Botafogo. A região de Santa Teresa ganha uma nova ligação com o acesso pela ladeira Paula Matos.

Tudo é festa na cidade que se moderniza. Novas confeitarias e restaurantes surgem a toda hora, assim como casas de teatros. Em

Rio, uma cidade de festa: o último baile no Club Fluminse foi retratado em charge da revista Semana Ilustrada, *publicada em 7 de agosto de 1864.* *Acervo Fundação Casa de Rui Barbosa*

1845, é aberto o cassino Fluminense, onde acontecerão os bailes da Corte. Mas não é só de diversão que a cidade vive. Os intelectuais cariocas recebem com alegria a criação da livraria Garnier, na rua do Ouvidor. São as novas oportunidades de conhecer a produção europeia e a publicação de livros nacionais surgindo no ano de 1846. Também, nesse mesmo ano, a Companhia Gôndolas Fluminenses inaugura a linha do largo do Moura, da Prainha à rua do Livramento, aumentando o fluxo na orla, e a barca Vênus começa a circular entre o cais Pharoux e Botafogo.

A outra novidade da época ocorre em 1847. Nesse ano, os serviços de distribuição de água são ampliados, indicando um novo mapa da cidade. Temos chafarizes na Cidade Velha, em São Cristóvão, em Botafogo, no Catumbi e, nas décadas seguintes, no Alto da Boa Vista, no Caju e na São Francisco Xavier. O avanço da cidade interessou aos estrangeiros e incrementou as viagens entre Europa e Brasil, trazendo com elas as novidades da vida civilizada. São os daguerreótipos que agitam a sociedade carioca, na década de 1840, e, com eles, novas facetas da cidade são registradas. A força civilizatória modifica hábitos: os vendedores de água são substituídos por carroças puxadas por burros.

O aumento da circulação de veículos pela cidade obriga, em 1847, a colocar o tráfego em mão dupla, para carroças e carruagens, no Centro. Esse aumento é acrescentado de novos negócios na área dos transportes. Os tílburis podiam ser alugados no centro urbano da cidade, com cocheiro, por hora. Inicia-se o transporte em carros de aluguel. E o negócio parece ser bom. Em 1847, no *Diário do Rio de Janeiro* observa-se a concessão dada a João José Esteves Prosper Romagnac para estacionar tílburis na praça da Constituição e na rua Direita, ficando o proprietário "obrigado a conservar limpos os lugares".

A expansão urbana leva à conclusão, em 1848, de mais uma rua na cidade. A rua do Resende amplia as comunicações, facilitando o acesso às áreas norte e sul da cidade. No movimento de expansão e modernização da cidade, ainda era precária a iluminação. Nossa cidade jamais poderia dizer, como Paris, que era uma cidade-luz. Mas a admiração pelo modelo francês seria fundamental para a continuidade das transformações urbanas.

Em 1849 é aberta a concorrência para o serviço de iluminação a gás da cidade. A concessão é ganha pelo barão de Mauá, com o privilégio exclusivo pelo prazo de 25 anos. Sete anos depois, em 1854, já é possível observar iluminadas as principais ruas da cidade, como as ruas Direita, Ouvidor, Rosário, São Pedro e do Sabão, além do largo do Paço.

A iluminação, somada aos outros investimentos em modernização, trazem mudanças no jeito de viver na cidade, acarretando novas formas de sociabilidade. Com as ruas claras, o movimento noturno aumenta e altera hábitos, propiciando a ampliação dos horários de funcionamento de confeitarias, restaurantes e cafés, assim como dos teatros. Com isso, cria-se um novo espaço para a mundanidade que explode na forma da cultura boêmia. Os jornais aumentam a circulação e começam a se transformar em grandes empresas, importando novas técnicas, em função do grande volume de notícias que fervem na cidade, fruto da necessidade de conhecer o que acontece e quem acontece.

A expansão do Centro em direção a Botafogo inaugura um novo momento para a cidade. Na imagem, pintura de 1852, "Rio de Janeiro, Catete e entrada da Barra", de autor desconhecido. Acervo Instituto Moreira Salles

Esses novos tempos – tempos de luz – são recepcionados por um novo Antônio. Agora casado, ele passa boa parte dos seus dias buscando formas de manter a família. Os negócios prosperam – mas a família aumenta na mesma proporção. Ele se preocupa em transmitir aos filhos os mesmos sentimentos que herdara dos pais: o amor incondicional por sua cidade e pelas pessoas – independente da cor da pele, da procedência, da condição social ou da religião – que a habitam. Antônio já não tem mais a mesma disposição para sair caminhando por seus lugares favoritos, mas agora basta pegar uma carruagem e, num pulo, está na rua do Ouvidor, olhando as novidades, bebendo um refresco, bisbilhotando nas livrarias. Estar ali, para Antônio, é estar no centro do mundo.

Mas, por maiores que sejam os esforços, os contrastes entre as vastas áreas da cidade indicam as permanências coloniais. A modernização não consegue alterar o ambiente da cidade, propício, pela sujeira e falta de higiene, a desenvolver epidemias. A cidade apresentava-se como *febril* e, ainda em dezembro de 1849, a febre amarela dava as caras por aqui, criando uma confusão geral e mortes, atingindo especialmente as áreas mais pobres, como a ladeira da Misericórdia e as regiões da orla, com o movimento de entrada e saída de mercadorias, como a Prainha, a Saúde, e as praias do Peixe e dos Mineiros.

Esse descompasso entre a modernização física e as doenças faz com que ganhem força os médicos sanitaristas que, aos poucos, tornam-se os verdadeiros urbanistas, e os

seus diagnósticos envolvem especialmente a derrubada de todos os morros da cidade para que o ar marinho circule e mate os miasmas provocadores das febres. Além disso, o problema da falta de água aumentava a imundície. Para esse aspecto pontual, em 1850, inicia-se o sistema de abastecimento de água domiciliar e sua comercialização, trazendo conforto à população. Ainda em 1850, por conta das febres e pela ação dos sanitaristas, é instituída, em setembro, a lei da criação dos cemitérios públicos, proibindo-se os sepultamentos nas igrejas.

O ano de 1850 é rico em acontecimentos que influenciam diretamente a cidade. Com a proibição do tráfico de negros para a escravidão – que receberia de Antônio uma saudação entusiasmada ao ponto de se indispor com um vizinho, que via na medida um anúncio do fim dos tempos. "Fim dos tempos?", perguntaria Antônio. "Não deixa de ser", ele mesmo responderia. "Tempos de desgraças, tempos de abuso, tempos de violência e morte." Depois acrescentaria: "E não é o fim, meu amigo, é apenas o início de um novo tempo."

Mesmo que o contrabando continuasse em novos portos negreiros, a medida se incorporaria aos anseios de civilização. E os novos ventos não soprariam apenas pelo lado dos incipientes avanços humanitários: na relação entre modernização e higiene, os sanitaristas conseguem uma nova vitória: a criação da Junta Central de Higiene Pública, que cuidará da cidade e dos homens que por ela circulam, recepcionando as novas ideias científicas da Europa.

O aumento do fluxo entre Brasil e Europa recebe novas linhas de vapores. Cria-se, em 1851, uma nova linha regular do Rio para Liverpool e, com ela, se dedica atenção ao porto do Rio, reformando a orla do largo do Paço para atender às novas demandas. Nesse mesmo ano, se estabelece um serviço regular de vapores entre Southampton e o Rio feito pela Royal Mail Steam Packet Company. Em 1869, essas mesmas companhias ampliam as suas rotas na América do Sul, levando os seus vapores até Montevidéu e Buenos Aires e, em 1878, incluem Santos em sua rota.

A necessidade de expansão da malha urbana orienta o início, em 1852, do aterro efetivo do saco de São Diogo, que compreendia a região que hoje incorporaria Cidade Nova, Catumbi, Mangue e Rio Comprido, favorecendo o acesso a São Cristóvão. Com o aterro, além dos novos acessos, a ocupação populacional avança no caminho de Mata-porcos. O movimento na baía de Guanabara continua crescendo numa cidade em cima do mar. Em 1852, cria-se uma nova linha até Botafogo pela Companhia Nictheroy-Inhomirim e, nesse mesmo ano, inaugura-se o cemitério de São João Batista no caminho da Lagoa e com acesso facilitado pelas rotas regulares de embarcações para Botafogo.

Em 1853, inicia-se, a partir do trapiche Mauá, a rota para o porto da Estrela, no fundo da baía de Guanabara, estabelecendo a linha que levaria os passageiros de trem para Petrópolis. A Imperial Companhia de Navegação e Estrada de Ferro de Petrópolis, de propriedade do barão de Mauá, é responsável pelo serviço.

Uma nova freguesia surge, em 1854, como desmembramento das freguesias de Santana, São José e Sacramento: Santo Antônio.

Neste ano, também se observa a pavimentação com paralelepípedos das ruas da freguesia da Candelária e a iluminação a gás, iniciativa do barão de Mauá.

A tudo isso, Antônio não assiste mais. Foi ele um dos primeiros a ser enterrado no cemitério de São João Batista. A família já morava em Botafogo, exatamente o bairro onde se localizava o cemitério, e seu filho Alberto terminava seu curso de medicina na Santa Casa da Misericórdia.

Nossa agulha na costura da cidade agora é Alberto. Ele faz parte dos novos habitantes da cidade, e o deslumbramento com as mudanças é bem menor do que o de seu pai. Atento às transformações da Europa, recebe com mais calma a adequação do Rio de Janeiro aos novos tempos. Ao contrário de Antônio, não anda a pé pela cidade. Desloca-se nos transportes da época, circulando por sua clientela. O Rio começa a se espalhar, a se descentralizar.

A construção da estrada de ferro Príncipe do Grão Pará, fotografada por Marc Ferrez um ano antes de ser inaugurada, em 1882. A linha interligava Raiz da Serra ao alto da Serra de Petrópolis. Acervo Instituto Moreira Salles

Capítulo 2

O Rio se expande

A mobilidade urbana em tempos imperiais

As primeiras políticas públicas de locomoção

ATÉ O FIM da segunda metade do século XIX, os habitantes da cidade do Rio de Janeiro se locomoviam quase que exclusivamente a pé ou de barco. Cidade costeira e com uma geografia complicada, dependia de ligações pelo mar. Entretanto, a partir de 1854, iniciam-se progressos importantes quanto à locomoção que se integram ao processo de modernização. De certo modo, eles decorrem da construção da estrada de ferro Dom Pedro II. Com ela, abrem-se caminhos novos de expansão da cidade e veiculam-se novos saberes sobre transportes, atualizados por conta dos estudos feitos pelos engenheiros americanos.

O resultado é uma maior atenção para o perímetro urbano. O crescimento da população associado ao desenvolvimento dos negócios e ao papel da cidade como capital

Uma das cidades mais fotografadas do mundo, o Rio de Janeiro e o ícone de sua paisagem, o morro do Pão de Açúcar, em foto de Marc Ferrez, c.1890. Acervo Instituto Moreira Salles

A Central do Brasil, antiga Estação do Campo da Estrada de Ferro de D. Pedro II, vista em litografia de Sebastien Auguste Sisson, s/d.
Acervo Biblioteca Nacional

engendram a necessidade de um sistema de transportes melhor, que facilite as comunicações e integre as novas áreas da cidade. Esse movimento decorre, ao mesmo tempo, do fluxo de visitantes e imigrantes. Novas acomodações e novos empreendimentos requerem um novo sistema de locomoção para além daquele que marcou a etapa anterior de desenvolvimento.

As primeiras iniciativas para a implantação do transporte coletivo mais eficiente decorrem das tentativas desenvolvidas pelo médico Thomas Cochrane, a partir de 1856. Ele, que era sogro do romancista José de Alencar, fundaria a Companhia de Carris de Ferro da Cidade à Boavista.

O aumento no fluxo de veículos pelas ruas é, literalmente, uma mão na roda na vida das pessoas que têm, no seu ofício, a obrigação de circular pela cidade. Alberto é uma delas.

Naquela época, em que inexistiam os grandes hospitais, o paciente não ia atrás do médico. Os médicos, como o doutor Alberto Rodrigues, estavam nas ruas.

Frota de bondes puxados a cavalo na rua Direita, atual rua Primeiro de Março, com a igreja da Ordem Terceira do Carmo ao fundo. Foto de Georges Leuzinger, de 1866. Acervo Instituto Moreira Salles

Nos idos de 1864, a charge "Os ônibus de S. Cristóvão à tarde", publicada no jornal Semana Ilustrada, *satirizava a super lotação dos meios de transporte público da época.*
Acervo Fundação Casa de Rui Barbosa

A Companhia de Carris de Ferro à Boavista ligava o Centro da cidade ao Alto da Boavista e era formada, basicamente, por uma frota de bondes puxados por animais. Alberto era um usuário frequente do transporte. Ainda que, de início, as viagens demorassem mais do que o previsto por Cochrane, o empreendimento geraria, três anos mais tarde, os primeiros bondes movidos a vapor. A era do transporte movido a combustível parecia já um caminho sem volta.

Ao lado dessas tentativas, a cidade continua seu processo de modernização. Em 1860, a iluminação a gás já se estabeleceu e está presente nas casas das famílias da elite carioca e, em 1874, já são dez mil casas que contam com esse conforto. O bairro de Botafogo assume definitivamente a posição de ponto de expansão sul da cidade com o incremento dos imigrantes portugueses que se dedicam aos negócios nas proximidades do cemitério São João Batista.

Esse incremento contrastava com o que era a cidade até a segunda metade do século XIX. Alberto, um jovem criado na "cidade nova", lembrava as histórias contadas pelo

BONDS, BÔNUS, BONDES

Bondes: o dinheiro que financiou os primeiros desses veículos no Brasil, no século XIX, saiu de um empréstimo negociado com a Grã-Bretanha. Para garanti-lo, foram emitidos *bonds* (bônus, debêntures, títulos a receber). Esses *bonds* eram títulos que representavam ações na bolsa de valores. Muito investiram nesses bônus, conhecidos por meio de propagandas que circulavam afixadas no interior dos bondes. Como essas propagandas usavam a imagem do veículo, o nome pegou e o povo passou a chamar de "bonde" não só o bônus, mas o próprio veículo.

Com a falta de saneamento básico, escravos eram encarregados de carregar o esgoto até valas de depósito, como se vê representado por Teive Briggs, na pintura "Pretos no Libambo", de 1840. *Acervo Instituto Moreira Salles*

pai, denotando a marca provinciana que a urbe ainda possuía, mesmo sendo capital e sede da corte imperial. Seus limites urbanos eram, ao norte, entre o largo do Paço e o Campo de Santana – a elite, que agora se move em direção a Botafogo, estava ocupando as regiões de São Cristóvão – e, ao sul, as áreas do Flamengo e de Botafogo, que possuíam imensos areais com plantações de bananas e propriedades rurais. Além do Campo de Santana, pântanos, brejos e pequenos lagos estagnados.

As trezentas mil almas que habitavam a cidade viviam em vielas e ruas não pavimentadas, sem serviços de higiene e esgoto, lançados, *in natura*, ainda na década de 1850, por escravos, nas praias. Inexistiam políticas públicas de saneamento, as praias exalavam mau cheiro, animais mortos apodreciam pelas ruas e poças d'água, imundas e fétidas, favoreciam a aparição de doenças, como febre amarela, varíola e peste bubônica.

Médicos como Alberto se surpreendiam a cada dia com o aparecimento de uma nova doença, quase sempre derivada das péssimas condições de saúde e do inexistente saneamento da cidade. Em suas viagens diárias às casas dos pacientes – muitas vezes em locais insalubres, ele lembrava o amor que o pai, trabalhador nos limites da educação que recebeu, tinha pela cidade e pelos seus habitantes. Era um mundo a ser descoberto. A medicina, Alberto percebia, exigia coragem e sola de sapato.

Ao mesmo tempo que se deparava com graves problemas estruturais, o cenário de mudanças visto por Alberto indicava um caminho diferente. Além de ter que se apresentar como a capital de um novo país, sediando os órgãos da política e da administração, a cidade aumentava a passos largos sua relação com o exterior e o interior. Os negócios daí decorrentes levaram ao crescimento do setor bancário e dos serviços urbanos mais sofisticados, exercidos por estrangeiros. Surgiam as estradas de ferro, a iluminação a gás, o telégrafo, o cabo submarino e, a grande novidade, indústrias, incentivadas pela capacidade empreendedora do barão de Mauá.

Isso, entretanto, não eliminou a presença das doenças e, em 1860, morreram 1.249 pessoas vitimadas pela febre amarela. Os esforços de dar à cidade um sistema de locomoção coletiva continuam e, na rua do Senado, Alberto vê a maior cocheira de ônibus de tração animal da cidade, onde havia linhas para Botafogo e a área sul. Nessa ânsia de atender às demandas por comunicações, em 1861, Mauá assume a presidência da Companhia de Carris de Ferro da Cidade à Boavista na Tijuca e, logo, apresenta requerimento às autoridades urbanas para substituir a tração animal por vapor. Em paralelo a isso, avançam as estações de trem que ligam o Centro aos subúrbios, com a inauguração da estação São Francisco Xavier.

A costura da cidade é feita agora por Alberto de dentro de um bonde movido a vapor. A cidade é tomada por um frenesi e começam as primeiras experiências com bondes desse tipo, mas elas ainda são complicadas:

> "As maxambombas funcionaram precariamente, ora em um sistema ora em outro, por poucos anos, pois a *Companhia Ferro-Carril da Tijuca*, como era conhecida, teve duração efêmera. Sua atuação foi dificultada, desde o início, principalmente pelas gôndolas, que procuravam

As valas e esgotos sujeitam os moradores da cidade a doenças e riscos aterrorizantes na charge da revista Semana Ilustrada, *por Henrique Fleiuss, 1961. Acervo Biblioteca Nacional*

2 E. Von der Weid, "O bonde como elemento de expansão urbana no Rio de Janeiro", p. 7.

impedir a passagem dos carros e provocavam acidentes, o que não era muito difícil, na medida em que as pessoas não estavam acostumadas com os veículos sobre trilhos, nem com a velocidade que esse sistema permitia dentro do perímetro urbano. O número de acidentes assustava os possíveis passageiros e a população recebeu com algum receio o novo transporte coletivo."[2]

Isso, entretanto, não modificava a ânsia pelo progresso. Fotografias e fotógrafos brasileiros passavam a participar das exposições universais, mostrando a qualidade técnica desenvolvida na cidade. Em 1862, finalmente chegaram os esgotos. O Rio de Janeiro passava a ser a quinta cidade do mundo a dispor de um serviço de esgotos sanitários organizado pela Rio de Janeiro City Improvements Company Limited.

Ainda nesse ano é implantado o serviço de barcas a vapor norte-americano do sistema *ferry*, que, por sua rapidez, leva à falência as outras companhias nacionais que faziam o serviço: movidas a rodas, as barcas americanas são vistas na baía de Guanabara, com duas proas e capacidade para 300 passageiros e carruagens, com seus respectivos animais e cargas. Os preços das passagens eram de 120 réis para pessoas calçadas e 80 réis para as descalças; 700 réis por cavalo de sela; 1 mil réis por tílburis e bestas; 2 mil réis por sege ou carro com duas bestas; 5 mil réis por "andorinha", carro de mudança, com as respectivas parelhas de animais.

A área sul da cidade é tomada pela elite, e o símbolo, na década de 1860, é a construção do Palácio das Águias do barão de Nova Friburgo. Em 1864, há uma parada nesse movimento feérico de desenvolvimento. A Guerra do Paraguai se inicia, e, com ela, os investimentos no esforço de guerra. Aos poucos, o impacto inicial da mobilização para a guerra vai diminuindo, e, já em 1865, a produção sistemática de gás para a iluminação da cidade passa para as mãos da Rio de Janeiro Gas Company Limited.

As noites da cidade ganharam alento com a abertura do Alcazar Lírico, na rua da Vala, que trazia os espetáculos da França para o Brasil fornecendo diversão com apresentações de cancã e bailes de carnaval. A cidade crescia, e novas freguesias surgiam. A freguesia do Espírito Santo englobava Catumbi, Estácio, Rio Comprido e parte de Santa Teresa. A dificuldade de desenvolvimento dos bondes na cidade causa a falência, em 1866, da Companhia Carris da Tijuca, que não conseguiu atender as demandas da concessão que ganhou. Com a primeira experiência finda, novas tentativas viriam. Logo dois anos depois, houve uma nova concessão que originou o funcionamento da Botanical Garden Railway Company, posteriormente conhecida como Companhia de Ferro Carril do Jardim Botânico, que foi responsável pela implantação do novo serviço de carris urbanos. A implantação dos trilhos começou logo após a concessão, e o primeiro trecho, que ia até Botafogo, foi inaugurado no final do ano de 1868. O trecho que levaria ao Jardim Botânico levou mais tempo em virtude de dificuldades, e os itinerários foram completados por conexões com gôndolas e ônibus.

Os primeiros bondes eram carros fechados, comportando até trinta passageiros, dezoito sentados e doze em pé. Alberto, no dia

As primeiras linhas de bonde da Companhia Botanical Garden Rail Road, em 1890.
Acervo Biblioteca Nacional

MAPPA
das linhas da Companhia BOTANICAL GARDEN RAIL ROAD
Linha concedida á Empreza Copacabana
Primeira modificação
Segunda modificação
LAGOA de RODRIGO DE FREITAS
JARDIM BOTANICO
Paineiras
Serra da Carioca
Corcovado
Ponto Terminal
Ponta do Pires
Morro da Saudade
Rua de São Clemente
Rua das Laranjeiras
Morro da Boa Vista
Praia de Bota fogo
Morro da Viuva
Praia do Flamengo
Gloria
Praia de S. Luzia
Ilha das Cobras
Morro de S. João
Praia da Copacabana
Morro da Babilonia
Hospicio de Pedro II
Copacabana
Litho a Vapor. Angelo & Robin, Assembléa 44

O RIO COM TODO O GÁS

O lampião a gás foi inventado em 1792, na Inglaterra, mas sua chegada ao Brasil demoraria quase um século. Em 1860, a iluminação a gás – que utilizava o "acendedor de lampiões", profissional que surgiria e desapareceria do universo dos trabalhadores da cidade – já estava presente nas residências da elite carioca e, em 1874, dez mil casas contavam com esse conforto. No final do século, a luz elétrica dominaria tudo.

Sobre o personagem que acendia as luzes da cidade, um famoso poema de Jorge de Lima imortalizou a profissão:

Propaganda da Empresa Brazileira de Gaz Acetyleno, Gazometro do Fazendeiro, s/d. Acervo Biblioteca Nacional

O ACENDEDOR DE LAMPIÕES

Lá vem o acendedor de lampiões da rua!
Este mesmo que vem infatigavelmente,
Parodiar o sol e associar-se à lua
Quando a sombra da noite enegrece o poente!

Um, dois, três lampiões, acende e continua
Outros mais a acender imperturbavelmente,
À medida que a noite aos poucos se acentua
E a palidez da lua apenas se pressente.

Triste ironia atroz que o senso humano irrita:
— Ele que doira a noite e ilumina a cidade,
Talvez não tenha luz na choupana em que habita.

Tanta gente também nos outros insinua
Crenças, religiões, amor, felicidade,
Como este acendedor de lampiões da rua.

JORGE DE LIMA[3]

3 Jorge de Lima. "XIV Alexandrinos". In Poesia completa. Rio de Janeiro: Editora Nova Aguilar, 1997, p.192.

10 de outubro, experimenta essa novidade. Toma o bonde na rua Gonçalves Dias e vai até o largo do Machado para atender a um cliente na Glória. Em 1868, estar em um bonde no trajeto Botafogo-Glória era mais ou menos como embarcar em um vagão do metrô na estação Botafogo e desembarcar na mesna mesma Glória quase um século e meio depois – uma viagem no tempo.

Ainda que passasse a maior parte do tempo dedicado ao trabalho incansável de visitar os doentes, prescrever remédios e fazer os acompanhamentos nos tratamentos, Alberto não se furtava de aproveitar o que a cidade lhe proporcionava. Nos breves momentos de lazer, ele pegava o bonde com sua esposa Amália e iam, os dois, se divertir nas noites do Alcazar Lírico, na atual rua Uruguaiana. *Vaudevilles*, na maior parte das vezes, que, com graça, o faziam esquecer, por momentos, os problemas cotidianos.

Depois dos espetáculos, o casal buscava a Carceller, confeitaria na rua Direita (atual rua Primeiro de Março), onde dona Amália escolhia um dos novos sabores de sorvete, servidos no formato de uma pirâmide e saídos de uma máquina de gelo importada dos Estados Unidos. O retorno para casa, em Botafogo, era feito no mesmo bonde, que, naquele momento, já expandira para uma estação no largo do Machado, outra na Marquês de Abrantes (em novembro de 1868) e, um mês depois, na rua Voluntários da Pátria (antiga Nova de São Joaquim e que trocara de nome em homenagem aos soldados brasileiros na Guerra do Paraguai).

Ainda em 1868, o governo federal concede a Quintino Bocaiuva e ao barão do Rio Negro a autorização para a reativação do serviço da Companhia de Ferro da cidade à Boavista, mas, em 1869, ela é transferida, por Quintino Bocaiuva, para Bernardo Caymari, industrial de origem cubana e amigo pessoal do político. O empresário cubano associa-se a Charles Morsing e também transfere a autorização para Silvester S. Battin e Albert B. Hagger, que abrem o primeiro trecho, em 1869, ligando o largo de São Francisco de Paula à Quinta da Boa Vista, inaugurando a Companhia de São Cristóvão – Rio de Janeiro Street Railway Company, em 30 de junho de 1869. A obra facilitou o acesso ao Caju, ao Santo Cristo, à Saúde, à Gamboa, ao Catumbi e ao Andaraí Pequeno (Tijuca), sendo o trajeto final concluído em 1871.

A ampliação do serviço de bondes garante a circulação dos moradores da cidade e facilita o acesso à área central, criando nova mobilidade para a cidade e incentivando os negócios, na medida em que incorpora cada vez mais regiões ao complexo urbano. Já em 1870, temos a primeira encomenda de bondes abertos, propícios para os fumantes, com "seis bancos transversais, para quatro passageiros cada um".[4] Os novos veículos tiveram grande aceitação da população, pois, além de facilitar o transporte dos fumantes, eram mais frescos. Com isso, rapidamente, observamos a decadência dos bondes fechados numa cidade tropical.

Os bondes abertos seriam a marca registrada dos bondes brasileiros – marca que se confirma nos novos exemplares de Santa Teresa, em que a população opinou pela manutenção das aberturas laterais –, que teria a maior frota do mundo para o modelo. As altas temperaturas da cidade incentivariam ainda mais a utilização do modelo com enormes

4 E. Von der Weid, op. cit., p. 9.

UM BONDE CHAMADO DESEJO

Desde 1896, quando foi inaugurado, o bonde de Santa Teresa nunca deixou de circular, deslizando pelas via íngremes do bairro, passando sobre os Arcos da Lapa até chegar à estação próxima ao largo da Carioca. Em 16 de outubro desse mesmo ano, Machado de Assis, em crônica publicada em *A Semana*, previa que o bonde elétrico mudaria a rotina do lugar: "Agora é que Santa Teresa vai ficar à moda." Depois acrescentaria suas primeiras impressões sobre os novos tempos de modernidade: "O que me impressionou, antes da eletricidade, foi o gesto do cocheiro. Os olhos do homem passavam por cima da gente que ia no meu bonde, com um grande ar de superioridade. (...) Sentia-se nele a convicção de que inventara, não só o bonde elétrico, mas a própria eletricidade."

Desde que um acidente com o bondinho, em abril de 2010, deixou três mortos, a polêmica em torno do transporte em Santa Teresa voltou à ordem do dia. O bondinho (amarelo, vazado, quase um brinquedinho infantil) é um verdadeiro cartão-postal da cidade e representa o estilo de vida do bairro, com suas ladeiras impregnadas de arte, cultura e liberdade – mas também é sinônimo de ineficiência e perigo.

É o símbolo máximo do charme no transporte da cidade.

Bonde elétrico sobre os Arcos da Lapa, 1907.
Acervo Iconographia

aberturas laterais, onde era possível que o passageiro viajasse quase que com o corpo inteiro para fora do veículo.

Ainda que usasse o transporte profissionalmente, Alberto era um daqueles cariocas que não abria mão de viajar sobre os estribos, olhando a vida acontecer nas ruas e sentindo o ventinho bom bater no rosto. Enquanto a cidade experimentava progressos na infraestrutura, outras áreas da vida brasileira também se abriam aos novos tempos. Como a cultura, por exemplo. Nas longas viagens de bonde já era possível ouvir, aqui e ali, novos ritmos musicais ganhando a preferência do povo. O maxixe, que terá um lugar especial na história da vida musical da cidade – sendo posteriormente chamado por Ernesto Nazareth de "tango brasileiro"[5] –, era o principal deles. Alberto gostava de perceber a mudança dos ritmos conforme mudava de região no trajeto do bonde, como se cada bairro trouxesse uma trilha sonora própria.

5 L. F. Alencastro, *História da vida privada no Brasil: Império*, p. 51.

Havia grandes mudanças, em todos os aspectos, e a cidade recebe profissionais em busca de registrá-las: em 1870, 38 fotógrafos atuam na cidade. O Rio – de Marc Ferrez, que retrataria a cidade com a alma de um legítimo sucessor de Debret – é a capital brasileira da fotografia.

O ano de 1870, além de ser significativo para o mundo por representar a entrada na perspectiva modernista, também foi muito importante para o Brasil e, em especial, para a cidade do Rio de Janeiro. Assiste-se a mudanças nos valores, com um vento novo que vem da Europa, trazendo a independência intelectual com um programa de desenvolvimento cultural sem par até aquele momento. Nossos intelectuais rompem com os valores românticos da década de 1830 e iniciam o caminho da modernização, transformando-se em arautos do progresso e defensores de mudanças na cidade para que ela pudesse representar esse novo clima. A urbe era o lugar da

Fotógrafos em destaque: na foto acima Marc Ferrez registra colegas no exercício de seu ofício, fazendo da cidade do Rio de Janeiro a capital brasileira da fotografia, c.1890. Acervo Instituto Moreira Salles materialização do novo, legitimando todas as modificações técnicas e tecnológicas, e, através da imprensa, requisitava cada vez mais um ambiente diferenciador da época colonial.

Essa nova ambiência também sugere mudanças políticas que remetem ao desenvolvimento do movimento republicano e ao avanço da luta contra a escravidão. Essa pressão ativa modernizações. Ainda em 1870, funda-se a Companhia Docas de D. Pedro II, que passa a atuar como promovedora da modernização do porto, tentando abrir caminho para um processo de maior integração da economia brasileira na economia mundial com a importante participação de André Rebouças como idealizador das transformações físicas da orla. Logo o cais e a praia dos Mineiros se modificam para atender às novas demandas alfandegárias. A área aterrada dessa região recebe o nome de rua Visconde de Itaboraí. Também para o lado sul da cidade se nota a mudança, com a abertura da rua do Russel, na Glória.

Com esse processo de crescimento, a cidade se torna um chamariz para novas oportunidades, e o resultado é o aumento da presença de estrangeiros, agora também imigrantes em busca de riqueza, junto com moradores que vêm do interior por conta das modificações na economia. A cidade, no entanto, ainda não estava preparada para receber tal contingente, e as questões sociais que decorrem principalmente de uma crise de moradia tomam conta da cidade. Nas freguesias de Santana e do Espírito Santo crescem os cortiços, e, com eles, os problemas

A intensa atividade comercial e pesqueira da região portuária do Rio em fins do século XIX. Na foto de Marc Ferrez, Doca e mercado da praia do Peixe, c.1880. Acervo Instituto Moreira Salles

A charge publicada em 1861, na revista Semana Ilustrada, não perdia a piada: "— Porque se parece um omnibus com uma sangue-suga? — Porque só larga depois que está cheio."
Acervo Fundação Casa de Rui Barbosa

AS REGRAS DE MACHADO

(OU *SEMPRE DEVEMOS RECORRER A MACHADO DE ASSIS*)

Em dez regras de comportamento para andar de bonde há o Art. I – Dos Encatarrados. Os encatarrados podem entrar nos bondes, com a condição de não tossirem mais de três vezes dentro de uma hora, e no caso de pigarro, quatro. Quando a tosse for tão teimosa que não permita esta limitação, os encatarrados têm dois alvitres: ou irem a pé, que é bom exercício, ou meterem-se na cama. Também podem ir tossir para o diabo que os carregue. Os encatarrados que estiverem nas extremidades dos bancos devem escarrar para o lado da rua, em vez de o fazerem no próprio bonde, salvo caso de aposta, preceito religioso ou maçônico, vocação etc., etc.[6]

6 Juliana Galli O'Donnel. "Para andar nos trilhos". Revista de História. 12/09/2007.

de higiene numa cidade em que a área urbana conta com 192 mil habitantes. Para os trabalhadores da área da medicina e do sanitarismo, o universo das habitações rudimentares na região central da cidade – que seria muito bem retratada no clássico *O cortiço*, de Aluísio Azevedo, lançado em 1890 – era um desafio constante. Alberto Rodrigues criara clientela na região periférica mais ao sul da cidade, mas continuava a frequentar o Centro, como o pai. Doenças típicas de ambientes insalubres – como a sífilis, a febre amarela, a varíola e o tifo – exigiam atenção especial. Todas as vezes que tomava o bonde e ia fazer algum atendimento no Centro, Alberto dizia simplesmente: "Vou à Cidade."

Nos transportes, embora as novidades surjam a cada minuto, o sistema de diligências continua, principalmente nas regiões mais pobres, movimentando novas linhas, como a que ligava o Catumbi à rua dos Arcos. A cidade continua crescendo, e um dos indicadores desse crescimento é o avanço da Companhia Ferro-Carril do Jardim Botânico, que estende duas linhas em direção ao Jardim Botânico, passando a servir melhor a Botafogo e indo até o largo das Três Vendas (atual praça Santos Dumont).

Em 1872, mais uma novidade mostra como a cidade deixou longe o tempo da circulação marítima. Funda-se, nesse ano, a Companhia de Ferro Carril de Santa Teresa, que realizava um percurso que ia do largo do Paço até a rua do Riachuelo, passando pelo largo da Lapa, de onde saía um ramal em direção ao largo dos Guimarães e à rua Almirante Alexandrino. As mudanças na economia são visíveis, e o aumento da população é crescente, especialmente depois da Lei do Ventre Livre. Isso se espelha na cidade com a criação da Companhia Locomotora, em agosto de 1872, que realizava o serviço de ligação entre a estação D. Pedro II e a área da Saúde, facilitando a entrada e saída de mercadorias do porto. Ainda em dezembro deste mesmo ano, a Companhia Ferro-Carril do Jardim Botânico ganha espaço, e suas linhas avançam e propiciam a fundação de uma nova freguesia: a Gávea, em 1873.

Mas a expansão da cidade não se dá só na direção sul. No mesmo ano, o barão de Drummond inicia o loteamento das terras que dão origem à Vila Isabel, numa homenagem à princesa Isabel. O novo bairro é organizado pela Companhia Arquitetônica, de propriedade de João Baptista Vianna de Drummond, o barão de Drummond. Com isso, a cidade se estende para os lados do Engenho Novo e do Engenho de Dentro, extensão facilitada pela criação da Companhia Ferro-Carril de Vila Isabel, também por iniciativa do barão de Drummond.

O Centro, ou a Cidade, permanecia como o polo irradiador. Os debates políticos, as modas, a cultura, as brincadeiras e gírias típicas de rua geralmente nasciam ali. As epidemias também. A população aumenta, e o avanço dos cortiços e a falta de higiene mancham esse movimento em direção ao progresso. Ainda em 1873, a cidade tem um novo surto de febre amarela, e os médicos sanitaristas reforçam a necessidade de garantir a salubridade do Rio de Janeiro. Somente entre 1880 e 1889, foram registrados 9.376 casos de febre amarela na cidade, grande parte deles no Centro. As primeiras campanhas de saneamento, que culminariam nas campanhas de vacinação lideradas pelo sanitarista Oswaldo

ALÔ, ALÔ, REALENGO

A origem dos nomes dos bairros cariocas é uma profusão de adaptações, mal-entendidos e doses cavalares de criatividade. Vila Valqueire, bairro na fronteira da Zona Norte com a Zona Oeste da cidade, por exemplo, é uma corruptela do Quinto Alqueire – V (em algarismo romano) Alqueire –, que delimitava certa área da região. Ilha de Guaratiba, que não tem nada de ilha, referia-se ao naco de terra, próximo ao bairro de Guaratiba, pertencente a um tal William.

Realengo teria surgido a partir do letreiro de um bonde que percorria os subúrbios em direção ao Real Engenho (região próxima a Bangu) e que usava em sua tabuleta frontal a expressão abreviada “Real Eng°”: deu Realengo.

A primeira estação ferroviária de Realengo, em 1908.

Cruz, nasceram nesse cenário. Alberto seria um entusiasta fiel do movimento.

Novas linhas surgem na cidade no ano de 1874. É organizada a Companhia Ferro-Carril Fluminense, que atuava na região da Cidade Nova, ligando-a à rua Estácio de Sá. A empresa impulsiona uma nova linha, que vai da estação das barcas até a praça Onze, inaugurando a Companhia Carioca-Riachuelo. Um ano depois, 1875, inauguram-se as linhas que ligam a cidade ao Andaraí Grande (atual Maracanã), São Francisco Xavier, Engenho Novo e Grajaú.

A cidade ferve de novidades negativas e positivas e torna-se necessário dar ordem a tudo isso. Alberto não se entende nos caminhos que tem que percorrer até os seus clientes. As novas linhas de bonde são capazes de cruzar a cidade quase que totalmente de norte a sul, mas as ruas estreitas, as vielas e os becos permanecem como um território não atingido pelo poder público. Entre 1872 e 1890, a população urbana praticamente dobrou, passando de 228.743 para 429.745 habitantes, o que correspondeu a um aumento de 90% em dezoito anos.[7] Na mesma medida, dobram também os problemas que a afetam. Muitas vezes, Alberto enxerga a cidade – suas ruas, sua gente – como um doente grave à espera da prescrição de um remédio definitivo para os seus males.

7 M. de A. Abreu, "A evolução urbana do Rio de Janeiro", p. 54.

Capítulo 3

A cidade iluminada e movimentada

Os impactos da modernização da cidade e a expansão urbana

O PESO DA MODERNIZAÇÃO, no sentido das alterações realizadas, contrasta com a infraestrutura da cidade. Há uma diferença, que se acentua especialmente na área central, entre o novo e as resistências antigas. É fundamental resolver essa contradição para que a cidade se civilize. Acabar com as doenças, eliminar as formas miseráveis de vida observadas nos cortiços, criar um novo esquema de higiene são questões postas e urgentes. Os médicos sanitaristas, junto com os engenheiros e demais intelectuais da cidade, reúnem-se e decidem levantar as mangas para tentar dar ordem ao caos.

O resultado é a apresentação do primeiro plano urbanístico para a cidade organizado pela Comissão de Melhoramentos em 1875. Esse plano previa a ordenação do espaço urbano, com a abertura de avenidas que ligassem o Centro às novas áreas de expansão

Tráfego intenso nos mares que cercam o Rio de Janeiro, em vista panorâmica da Saúde, c. 1893. Foto de Marc Ferrez. Acervo Instituto Moreira Salles

PHOTOGRAPHIA
CENTRAL
ANTONIO LUIZ FERREIRA
TRABALHA-SE
MESMO COM MAU TEMPO
PLATINOTYPIA

O trânsito no largo da Carioca de 1890: bondes elétricos se misturam a veículos de tração animal e pedestres pelas ruas. Ao fundo, o Chafariz da Carioca construído a partir de 1834 e concluído em 1848, com projeto de Grandjean de Montigny. Foto de Marc Ferrez. Acervo Instituto Moreira Salles

121

A Primeiro de Março, antiga rua Direita, c.1890, na altura do largo do Paço, atravessada por bondes de tração animal. Foto de Marc Ferrez. Acervo Instituto Moreira Salles

PÁGINA AO LADO
Exemplar dos bondinhos de bitola estreita da Cia. Carris Urbanos que faziam ponto na rua Direita, no local conhecido como Carceller. A foto foi tirada em 1901. Acervo Biblioteca Nacional

da cidade na direção norte e sul, como é o exemplo da avenida Beira Mar, e propunha uma série de medidas que deveriam ser estudadas para reabilitar a modernização da cidade. Dessa primeira comissão fazem parte dois futuros prefeitos: Pereira Passos e Carlos Sampaio.

Na linha da recuperação, ainda em 1875, inaugura-se o Hotel do Globo. Ele está localizado na rua Direita, no espaço onde antigamente existia a confeitaria Carceller, que era frequentada pela aristocracia da cidade (o médico Alberto e sua mulher Amália, entre eles), também famosa por ser o local de encontros amorosos. Ernesto Sena, relembrando o local, diz: "Eis aí porque muita gente não sabe hoje explicar como é que os bondes da Carris Urbanos designam por esse nome (Carceller) o ponto da rua Direita onde param, defronte do Hotel do Globo. A calçada desse lugar, agora melhorada, sempre foi larga. Havia ali grandes árvores, a cujas sombras alinhavam-se as mesas à moda dos *boulevards* parisienses, onde Carceller fazia o seu comércio."[8]

Alberto participa ativamente das discussões do momento. Teve oportunidade de ir a Paris e lá presenciou as mudanças na medicina, realizando visitas ao instituto Pasteur. Foi lá que ele recebeu com alegria a notícia de que as áreas de São Cristóvão, Engenho Velho, Rio Comprido, Tijuca (até a rua

8 E. Senna, *O velho comércio do Rio de Janeiro*, p. 153.

VEJA ILUSTRE PASSAGEIRO

Os anúncios estampados no interior dos bondes são um capítulo à parte da história do transporte na cidade do Rio de Janeiro. Era uma prévia do que a publicidade exploraria, em diversas mídias, pelos anos posteriores. A receita era simples: letras chamativas, imagens com as quais o passageiro se identificasse e, na maioria das vezes, produtos acessíveis, possíveis de encontrar no comércio da primeira parada do veículo. Entre todos, nenhum terá sido mais famoso que o do Rum Creosotado, criado a partir de versos do poeta Bastos Tigre.

O Rum Creosotado era um daqueles produtos capazes de curar o homem de todos os males: da bronquite à anemia, passando pela unha encravada. O cartaz, de início, trazia a imagem de um homem triste, desanimado diante dos males que a vida lhe guardara. Mais tarde, numa mudança de foco, a imagem do homem foi substituída pela de uma mulher de biquíni, representando o que ele, o passageiro, estaria perdendo. Os versos eram diretos:

Veja ilustre passageiro
o belo tipo faceiro
que o senhor tem
a seu lado
no entanto, acredite,
quase morreu de bronquite
salvou-o o
Rum Creosotado.

Uruguai) possuíam esgotos. Mas isso não determina a eliminação da febre amarela, e novo surto se verifica em 1876. No entanto, intensificam-se as medidas de modernização. A região do porto ganha um novo perfil com as novas construções que tomam a área que vai do largo do Paço até a Nova Alfândega com os melhoramentos do píer e novos acessos que facilitam o desembarque de gêneros alimentícios.

Essas melhoras contrastam com o crescimento das habitações coletivas que tomam conta do centro e da região portuária. A crise de habitação concorre para a ampliação da intervenção dos médicos sanitaristas. Alberto se envolve com a questão e participa das reuniões nas quais se redige um documento que será enviado à Câmara Municipal. Pressionada pelos médicos e engenheiros, a Câmara aprova, em junho de 1878, a não concessão para construção de cortiços na cidade, contendo a pressão dos corticeiros.

A necessidade de reorganização dos transportes passa a merecer a atenção das autoridades públicas, que incentivam a reunião das pequenas companhias atuantes no Centro e na região portuária. O resultado é a criação da Companhia Carris Urbanos, que uniu a Companhia Locomotora (deixando de lado o serviço de Santa Teresa, que se tornou independente e com a denominação de Santa Teresa-Paula Matos), a Companhia Ferro-Carril Fluminense e a Companhia Carioca-Riachuelo. Com isso, a Jardim Botânico, a Companhia de São Cristóvão, a Companhia Ferro-Carril de Vila Isabel e a Companhia Carris Urbanos já transportavam cerca de vinte milhões de passageiros ao ano.

Se essa reorganização melhora os serviços, também produz o aumento das passagens dos bondes puxados por burros. A alta provoca reações da população, sendo a principal delas a Revolta do Vintém, em 1879. A revolta tem início com uma manifestação no campo de São Cristóvão, em frente ao Palácio Imperial. Liderados por Lopes Trovão, médico, jornalista e militante do republicanismo, cerca de cinco mil pessoas se reuniram para entregar ao imperador uma petição, pedindo a revogação da nova passagem. A população é dispersada e se reúne novamente no dia 1º de janeiro de 1880.

Nesse dia, uma multidão, bem maior do que aquela de São Cristóvão, se concentrou nos arredores da rua Uruguaiana e do largo de São Francisco, entrando em confronto com a polícia. Gritando "fora o vintém", os revoltados atacaram condutores, e até mulas, a facadas. Bondes foram virados e trilhos da rua Uruguaiana arrancados, até que dois pelotões do exército surpreenderam os manifestantes no largo. Alguns, mais exaltados, retiraram os paralelepípedos das ruas e jogaram na tropa. Por azar, uma das pedras atingiu o comandante, primo de Deodoro da Fonseca, tenente-coronel Antônio Enéias Gustavo Galvão, que imediatamente abriu fogo contra a multidão. Entre mortos e feridos (conta-se de quinze a vinte feridos e de três a dez mortos), a multidão se dispersou e a revolta perdeu força. Todas as companhias foram atacadas, exceto a Jardim Botânico, que resolveu manter o preço da passagem.

Os novos tempos encontram a família Rodrigues com novos membros. Alberto e Amália continuam morando em uma casa na rua Dona Mariana, rua aberta por volta de 1850 e que, mais tarde, ficaria famosa por abrigar, em suas casas, sedes de consulados e clínicas médicas. Com o tempo, o bairro passou a se incorporar ao dia a dia de seus moradores. Os Rodrigues viram nascer e crescer seus dois filhos, Arthur e Vera. Os dois – cada um a seu modo – viveriam o Rio de Janeiro com toda a intensidade de sua época.

O contínuo crescimento da cidade amplia a rede ferroviária, que inaugura, na década de 1880, as estações do Derby Club, Mangueira, Sampaio, Quintino, Encantado, Méier, Engenho de Dentro, Piedade e Rocha. Também os transportes pela baía de Guanabara ganham força e sofisticação. Do cais Pharoux saem escaleres com destinos variados. Um destino em especial tomou conta da população: ir ao Palácio Fluminense, "volumosa chata fundada no meio da baía, com tanques apropriados para banho de mar e serviço de bar. Algo assim como precursora das piscinas de hoje, nela se reuniam centenas de cariocas nas tardes de verão, na maioria homens sozinhos, porque as famílias preferiram banhar-se na Praia de Santa Luzia ou no Flamengo".[9]

Pereira Passos assumiu a direção da Dom Pedro II e incrementou o crescimento da ferrovia, aumentando a capacidade de circulação do café em direção ao porto do Rio. O sistema de esgoto da cidade alcança o Caju, o Andaraí Grande (Maracanã), Vila Isabel, São Francisco Xavier e Riachuelo. Em 1887, aproximadamente trinta mil casas passaram a receber o serviço. A cidade se embeleza a cada dia. A antiga fronteira do Rio de Janeiro, o Campo de Santana, ganhou projeto paisagístico dirigido por Glaziou. Sua arborização chamou a atenção e transformou o campo num enorme jardim para deleite da população carioca.

Com o surgimento das novas estações da estrada de ferro em direção ao subúrbio, aumenta o fluxo de passageiros ao redor e, aos poucos, o Campo de Santana, fincado diante da estação central, vai deixando suas características de fronteira e se incorporando ainda mais à massa paisagística da região. Já é cidade mesmo: gente, comércio, trabalho. É comum ver, nos fins de semana, famílias inteiras saindo de suas casas no subúrbio para passar a tarde no lugar, conhecendo as belezas que, até então, estavam restritas a quem trabalhava no Centro durante a semana.

Também há algo novo com relação ao abastecimento de água. Inaugura-se o abastecimento para a cidade com o sistema da pena de água. E as novidades não param por aí. Para atender o número de visitantes é dada uma concessão à Companhia Ferro-Carril que, em consórcio com o Hotel Corcovado, planeja a construção de uma linha de finalidade exclusivamente turística que ligará o Cosme Velho ao Corcovado. Detalhe: a estátua do Cristo Redentor só seria erguida cerca de cinquenta anos depois. Koseritz, viajante que nesse momento estava no Rio de Janeiro, comenta o reboliço e a surpresa que as obras da estrada do Corcovado promovem:

> "Cabanas cobertas de zinco se sucedem. O que é isso? Uma colônia aos pés do Corcovado que se levanta sobre as nossas cabeças? Não, não se trata de nenhuma colônia: trata-se das residências dos trabalhadores

9 B. Gerson. *História das ruas do Rio: e da sua liderança na história política do Brasil*, p. 28.

que constroem o forte viaduto sobre o que deve passar o trem de ferro que chegará ao Corcovado. Trem de ferro para o Corcovado? – perguntarão meus leitores admirados. Sim, no Rio tem-se coragem e constrói-se uma estrada de ferro até o pico do Corcovado na previsão de transportar até 600 passageiros por dia para o ar puro do alto. Pretende-se mesmo fazer um elevador para o Pão de Açúcar."[10]

10 C. von Koseritz. "Imagens do Brasil", p. 174.

Mas a questão da habitação permanecia como um problema, e para fazer frente a ela é promulgado, em 9 de dezembro de 1882, um decreto que facilita a construção de moradias populares com a isenção de impostos aduaneiros e outros benefícios para aqueles que querem se envolver nessa empreitada.

O aumento de população e o avanço dos negócios para todos os lados da cidade produz a criação, em 1883, de outra estrada de ferro. A estrada de ferro Rio D'Ouro integra a cidade à Baixada Fluminense, facilitando a circulação de mercadorias para a construção de uma nova linha de abastecimento de água e ainda transportando passageiros. Esta nova linha cortava as regiões das freguesias de São Cristóvão, Engenho Novo, Inhaúma e Irajá, estimulando o desenvolvimento de novos núcleos populacionais em seu traçado. Os melhores exemplos são as estações de Vicente de Carvalho, Coelho Neto e Pavuna

Contudo, mesmo com todos os esforços e medidas da saúde pública, a febre amarela volta a atingir a cidade. Mas, apesar do retorno das epidemias, Koseritz, olhando para a cidade, criou uma frase emblemática que ficará presa à cidade e gerará equívocos e confusões: "O Rio de Janeiro é o Brasil, e a rua do Ouvidor, o Rio de Janeiro."[11]

11 A. M. Mauad, "Imagem e auto-imagem no Segundo Reinado" in L. F. de Alencastro, op. cit., p. 185.

A célebre rua do Ouvidor, c.1890. Foto de Marc Ferrez. Acervo Instituto Moreira Salles

Mas o viajante é um dos que melhor entende o desenvolvimento da cidade no que concerne aos bondes:

> "A vida de rua no Rio faz sobre o estrangeiro, principalmente sobre o provinciano, uma impressão de aturdir. Os nervos da vista, do ouvido e do olfato do habitante do

Rio são, naturalmente, longamente preparados contra essas impressões, mas o aborígene deve empregar meses para se habituar. O movimento do tráfego de bondes em todas as ruas, e a gente pode estar aonde estiver, que não leva mais de cinco minutos para encontrar o bonde que procura, o qual, por 100 réis, nos carrega durante horas de um extremo ao outro da cidade. Os trilhos, com poucas exceções, são estreitos, os carros são sempre bem tratados. Mais de 300 bondes transitam dia e noite nas ruas do Rio, e se cruzam em todas as direções; é incrível como aqui se anda de bonde, e se pretende que em nenhuma cidade do mundo o transporte é de tal forma usado. Além dos bondes, rodam permanentemente pelas ruas grandes carros de mudanças, carroças de lixo, carros de varrer a rua, carros de carga, elegantes coupés, vitórias, chaises, char-à-banca, tílburis etc., de forma que se deve andar nas ruas com

Ponto de tílburis no largo do Machado, c.1900. O largo do Machado já se chamou largo da Glória e praça Duque de Caxias.
Acervo Iconographia

grande prudência, e é extraordinário que não haja mais desastres. Tudo roda trepidada pelas ruas, fazendo sobre o calçamento de paralelepípedos um barulho verdadeiramente infernal. Além disso, se ouvem os gritos dos vendedores de frutas e guloseimas, as vozes estridentes dos pequenos italianos, que procuram vender todas as folhas possíveis e impossíveis, os gritos dos vendedores de bilhetes de loteria; o grasnar dos engraxates, que, reunidos às dúzias nas esquinas e nas praças, oferecem os seus serviços; enfim, uma barulheira infernal que no início atua de forma perturbadora."[12]

12 C. von Koseritz, op. cit., p. 73.

E continua, nos dando ideia do movimento da cidade:

"No que respeita à vista, não é menos estranha a impressão do Rio para o recém-chegado. Além do copioso movimento das ruas, que na rua do Ouvidor, em dia de semana, chega ao tumulto, desperta a atenção do olhar a multidão de quiosques, enfeitados de bandeiras coloridas e cobertos de cartazes e tabuletas também em cores, nos quais se vende café e bebidas. Em todas as praças e esquinas, do Rio Comprido até Botafogo, existem desses quiosques, que contribuem para dar a vida das ruas uma nota particularmente colorida. Efeito semelhante produzem os gigantescos anúncios belamente enfeitados com letras enormes, que colorem todos os muros e paredes vazios. Até no interior dos cafés e restaurantes anúncios semelhantes, pintados a óleo, estão nas paredes, como tapeçarias. Estas figuras mostram que aqui o povo está americanizado."[13]

13 Ibid., p. 74.

O comentário introduz uma questão que estará no horizonte do processo de modernização, ao mesmo tempo que nos mostra a feição americana da cidade. No que diz respeito aos quiosques, eles são tão combatidos como os cortiços. De um lado, porque sujam a cidade ao jogarem nas ruas os restos de óleo e de alimentos, fazendo proliferar os ratos; de outro, porque, com o aumento da população na região central, muitos sem emprego, havia sempre uma aglomeração de pessoas em torno deles para disputar os restos de alimentos.

Mas o viajante apresenta certa ironia, especialmente com relação ao tempo de demora nas viagens, como anuncia no texto a seguir:

"Ontem, sábado, fui a São Cristóvão apresentar meus respeitos ao imperador e à imperatriz. As 4 e meia da tarde tomei o carro, metido na obrigatória casaca branca, para a viagem de cerca de hora e meia entre Santa Teresa e São Cristóvão. Levei comigo o amigo Jansen (...). Juntos rolamos pela longa rua de São Cristóvão, na qual se encontram vilas apalacetadas, muitas das quais são mais belas e grandiosas que o Palácio Imperial da Quinta de São Cristóvão."[14]

14 Ibid., p. 49.

A riqueza dos comentários dá conta também das condições de travessia pela baía de Guanabara rumo à Praia Grande:

"Decidi visitar a Praia Grande, isto é, Niterói, e seus arredores. Seguimos assim pelo bondinho (no qual se pode viajar a cerca de uma hora por cem réis), até a ponte de embarque das barcas a vapor, de sistema americano, iguais adiante e atrás, de forma a poderem atracar pelos dois

A barca com toda pompa: o restaurante para os passageiros desfrutarem da rota que ia da baía de Guanabara para o Porto Mauá, s/d.
Acervo Museu Imperial / Arquivo Histórico

lados. Os passageiros ficam num grande salão, e também encontram lugar em cima. Compram-se os jornais e leva-se os vinte minutos de travessia lendo, de forma que a viagem é quase insensível, quando o mar não está agitado, pois, nesse caso, o velho casco começa a jogar. É notável que a travessia custe 200 réis, nada mais barato e pode-se com um só níquel viajar três ou quatro vezes. Com efeito o controle é feito na passagem da borboleta, na ponte de embarque, quando se paga a entrada, não há bilhetes e, portanto, nenhuma fiscalização; quem quiser ficar na barca pode ir e voltar o dia inteiro."[15]

15 Ibid., p. 37.

Para terminar, observem a conclusão a que chega o viajante no que diz respeito aos bondes: "Toda a cidade, desde Santa Teresa até a Tijuca, é, durante léguas, cortada por linhas de bondes em todas as direções, e em todas elas se encontra bonde de cinco em cinco minutos, e estão sempre completamente cheios. Existe uma quantidade de linhas que trabalha toda a noite, como, por exemplo, a de Botafogo."[16]

16 Ibid, p. 56.

O aumento do fluxo em direção a Botafogo leva com ele um aumento de serviços. A cada viagem, os bondes carregam mais passageiros. Alberto já é capaz de fazer a ronda de médico com tranquilidade, passando de um bonde a outro. O bairro se espicharia para os lados da lagoa Rodrigo de Freitas, povoando a área em torno do largo dos Leões e o que, no futuro, seria conhecido como Humaitá. Por toda a região, surgiriam os pilares que dariam o caráter do bairro como um todo: o tráfego intenso, as escolas (na virada do século XX, o Santo Inácio, colégio jesuíta que ocupara terras do morro do Castelo e, após a derrubada do morro, inauguraria sua sede na São Clemente) e, finalmente, o Clube de Regatas Botafogo, que mais tarde, ao se unir ao Botafogo Futebol Clube, formaria o Botafogo de Futebol e Regatas, clube que revelaria o gênio Garrincha para o mundo e, que através da história, mais jogadores cederia à seleção brasileira em copas do mundo. Arthur, o filho de Alberto, seria um botafoguense de primeira hora.

O intenso tráfego dos bondes e a iluminação pública favorecem o fortalecimento, também, do comércio mais sofisticado e da vida boêmia. É o tempo das confeitarias, como alerta Luís Edmundo. E, ainda no ano de 1883, o movimento desses estabelecimentos está de vento em popa. Mas a maior novidade é a venda de cerveja. Os saraus, entrudos e festas religiosas, em pouco tempo, tornavam-se divertimentos repetitivos aos habitantes da cidade. E a confeitaria Caiteau sai na frente vendendo a cerveja alemã Culmbacher em tonéis.

O surgimento das cervejarias – com as derivações que vão desde os bares de bunda de fora aos restaurantes, passando pelas biroscas e botecos – traria para a cidade uma de suas maiores vocações: o consumo de cerveja nas ruas. Da mesma forma que os cafés estão para a França, as tascas em Portugal ou os bares de tapas na Espanha, os botequins são parte importante da alma do Rio de Janeiro. É ali, principalmente nos botequins de esquina, que se pode espiar o ir e vir das pessoas enquanto se bebe, que o carioca confirma sua cultura de ocupação dos espaços públicos. No Rio, a diversão ao ar livre, a ocupação das ruas, poder ver e experimentar o que a cidade pode oferecer, é quase uma obrigação.

Em 1884, o Cosme Velho está em festa. Inaugura-se o primeiro trecho da ferrovia entre o Cosme Velho e as Paineiras, onde foi também aberto o hotel. Na ocasião, uma das pessoas mais festejadas é o engenheiro Pereira Passos, presidente da Companhia de Ferro Carril do Corcovado. Mas a alegria e o entusiasmo são maiores no ano de 1885, quando o trajeto até o Corcovado é completado. Alberto, Amália e seus filhos, Arthur e Vera, resolvem experimentar o passeio logo nos primeiros tempos. É incrível, mesmo naquela época, que uma cidade possibilite que alguém saia de seu centro urbano e, em pouquíssimo tempo, adentre uma verdadeira floresta.

Santa Teresa é o lugar mais disputado da cidade e, a partir de 1885, a ocupação do bairro se expande numa velocidade maior do que a dos bondes. Com isso, a Companhia Ferro-Carril de Santa Teresa passou a se chamar Empresa do Plano Inclinado de Santa Teresa, abandonando a proposta de fornecimento de serviços para o Centro da cidade e se dedicando exclusivamente ao morro. As fontes de água também avançam na cidade e estão agora em Santa Rita, praça São Salvador, Catete, largo da Mãe do Bispo e largo

Embarcações de pequeno porte atracadas na praia de Botafogo mostram a orla sendo usada como via de transporte marítimo. Foto de Marc Ferrez, c.1893. Acervo Instituto Moreira Salles

A expansão da cidade em direção à Zona Sul é vista aqui em sua fase inicial, c.1870, em foto de Georges Leuzinger, que mostra a vista panorâmica da lagoa Rodrigo de Freitas.
Acervo Instituto Moreira Salles

OOOOOOHHHHHH!

O Corcovado sempre foi um passeio feito pelos viajantes. Segundo a escritora francesa Adèle Toussaint-Samson, que o visitou em 1850, a excursão reunia em geral de quinze a vinte pessoas, saindo às 3 horas da manhã, acompanhados de negros que levavam provisões e negras que cuidavam das crianças. Parte da montanha podia ser subida a cavalo, enquanto os mantimentos e crianças seguiam em lombo de burro.

Em 1884 é inaugurado o primeiro trecho da ferrovia entre o Cosme Velho e as Paineiras, onde foi também aberto o hotel. No ano seguinte, o trajeto até o Corcovado é completado.

A ferrovia – existente até hoje e quase inalterada – dava ao carioca a chance de ver a cidade de cima. Não por acaso, a reação entusiasmada dos passageiros deslumbrados diante da paisagem que se abria defronte de seus olhos batizaria uma das curvas (aquela que permite ver a lagoa Rodrigo de Freitas e parte da Zona Sul): estava criada a curva do Oh!

Detalhe da paisagem de Botafogo, c. 1893: o morro do Corcovado sem o Cristo. Acervo Instituto Moreira Salles

do Depósito. Da área sul até a região portuária, a cidade utiliza a água como forma de lavagem das doenças.

A circulação para as áreas mais afastadas do Centro ganha maior mobilidade com a instalação da primeira linha da Rio de Janeiro Northern Railway Company (futura Leopoldina Railway), no dia 23 de abril de 1886, que, ligando São Francisco Xavier a Mirity (Caxias), integrava um grande conjunto de núcleos urbanos como Bonsucesso, Olaria, Penha, Brás de Pina, Cordovil, Vigário Geral e Parada de Lucas.

O Centro da cidade vai ganhando nova forma. Novos edifícios vão surgindo, e o Rio conquista uma nova dignidade. Os traços da cidade colonial ficaram no passado. A Comissão de Melhoramentos realizou um belo trabalho, que direcionou a expansão e criou condições para a cidade moderna. Só faltava a criação de um projeto de reforma da cidade que pudesse dar materialidade às decisões da comissão. Entre esses edifícios, um salta aos olhos. Em 1887, inaugura-se a sede do Real Gabinete Português de Leitura, um presente dos portugueses à cidade. A autoridade pública, seguindo os passos da Comissão de Melhoramentos, volta-se para o problema da habitação popular. Em 8 de fevereiro de 1888, há a promulgação de um decreto legislativo que oferece privilégios de isenção de impostos sobre a importação de materiais de construção para fortalecer os investimentos na construção de casas populares.

A essa altura, a cidade já havia se preparado para a abolição da escravidão, e a festa é geral no dia 13 de maio de 1888, quando a princesa Isabel assina a Lei Áurea. A emoção maior decorreu dos presentes entregues à princesa. Os negros africanos, agora ex-escravos, levam para a princesa um grande ramo de camélias, colhidas nas plantações desenvolvidas pelos ex-escravos no Alto da Boa Vista e no Alto Leblon, nos quilombos ali existentes. O contraste era evidente: enquanto os negros levavam para a princesa camélias frescas (sendo as brancas as oferendas mais importantes para Oxalá), colhidas mais cedo, a aristocracia defensora da abolição levava camélias artificiais, bordadas nos palacetes dos ricos.

O anúncio da abolição faria a população ganhar as ruas da cidade de uma forma ainda não vista. Naquele momento, independentemente do modo utilizado para a locomoção, se bondes, charretes ou os próprios pés, o carioca estava lá, misturando a corte com os escravos, o profissional liberal com os comerciantes, poetas, estudantes, prostitutas, malandros, políticos e bêbados. Quem era contra simplesmente recolhera-se às suas residências. Era um quadro novo. Vera, filha do médico Alberto Rodrigues, estava lá.

Vera, que assistiria ao espetáculo da abolição ganhando as ruas ao lado do escritor Machado de Assis, nesse momento, já era proprietária de uma loja de roupas na rua da Carioca, bem em frente à praça Tiradentes, antigo Rossio da cidade. A Camisaria Progresso foi a vanguarda na venda de roupas íntimas para homens e pioneira no fornecimento de produtos das primeiras fábricas de tecidos do Rio de Janeiro.

Mulher moderna, viveu com intensidade as mudanças de hábitos e de costumes e transformou-se numa referência para a *belle époque* carioca. A Camisaria Progresso, comandada

PÁGINA ANTERIOR
Momento histórico da missa campal celebrada em ação de graças pela abolição da escravatura no Brasil, em 1888, com Princesa Isabel, Conde d'Eu e outras figuras ilustres no canto esquerdo. Foto de Antonio Luiz Ferreira. Acervo Instituto Moreira Salles

por ela, funcionava em um prédio de três andares, estilo europeu, com enormes janelas laterais, e era referência para quem transitava entre a rua da Carioca e a praça Tiradentes. Em torno do prédio, o comércio, as confeitarias mais informais, as bodegas (precursores dos botequins) e os armazéns de secos e molhados dariam fama à praça e já diziam presente naquela época. Vera – que aliava o tino para o comércio com a paixão familiar pela cidade – ditava moda.

Das janelas que dominavam a fachada da loja, Vera acompanharia, um ano mais tarde, a proclamação da República, quando as tropas do exército comandadas por Deodoro da Fonseca e Floriano Peixoto tomaram as ruas desde as imediações do Campo de Santana (que depois seria conhecido também como praça da República) até a praça Tiradentes. Havia, na ocasião, uma participação popular menos intensa do que a que se viu durante a abolição (não havia camélias!), mas Vera jamais conseguiria tirar da cabeça o barulho dos tiros disparados, os gritos das marchas militares e o barulho dos cascos dos cavalos trotando sobre os paralelepípedos das ruas em torno de sua loja.

Além da chegada da República, o ano de 1889 registraria a criação da Companhia de Saneamento do Rio de Janeiro, que vinha dar conta de um problema crônico na cidade. De propriedade de Arthur Sauer, a empresa viria a criar, na década de 1890, uma série de vilas operárias no Centro, na rua dos Inválidos, e nos bairros operários do Jardim Botânico, Vila Isabel e Sampaio como forma de eliminação dos cortiços no Centro da cidade. Mas a reação dos corticeiros é forte, e os cortiços permanecem.

O clima republicano tomou conta da cidade e materializou-se na rua do Ouvidor. Além das confeitarias, agora observamos a criação dos cafés e dos bares. Como uma comemoração da República é fundado o Café do Rio, tomado de assalto pela "boemia alegre", onde o "jacobinismo impenitente"[17] dá o seu recado. Nossos intelectuais transformaram o café no reduto do debate político e lá temos desde Raul Pompéia até Ângelo Agostini, arauto das revistas no Rio. O Rio dos bares e botequins, dos botecos voltados para as ruas, da cidade vivida ao ar livre começa a ganhar formas definitivas.

17 E. Senna, op. cit., p. 195.

Inicia-se a *belle époque* carioca. A cidade se modernizou, atendendo aos parâmetros desenvolvidos na Europa. A imprensa se profissionalizou e envolveu os intelectuais de tal modo que a antiga boemia da cidade, ligada ao espírito romântico dos amores impossíveis, é superada pela nova boemia, que reunia homens que já podiam casar porque recebiam salários altos no jornalismo. A cidade atraía mais gente. Além da massa de ex-escravos que se dirigem para a cidade, dos estrangeiros que querem observar as novidades e dos habitantes que espantados não sabem muito bem como se comportar, muitos outros provincianos avançam para a cidade, e o resultado é um aumento da crise de habitação e, com ela, a dos transportes. Os transportes da cidade – como em todos os momentos de crescimento e euforia, através dos tempos – parece ter chegado no limite. Não conseguiam mais atender à demanda.

Maurício Abreu nos apresenta uma estatística que é indicadora dessa situação. Entre 1886 e 1896, a estrada de ferro Central do Brasil transportou cerca de trinta milhões de

A nova boemia carioca representada no anúncio da cervejaria Teutonia. Publicado na revista O Mercurio, *Jun 1898.*
Acervo Biblioteca Nacional

pessoas. Em 1896, apenas os serviços de bondes foram responsáveis pelo deslocamento de cerca de 73 milhões de pessoas.

O crescimento do saneamento da cidade alcançou, na década de 1890, as regiões da Gávea, Andaraí e Jardim Botânico e as localidades impulsionadas pelo movimento da Central do Brasil. Mudanças importantes na fisionomia dos bairros começaram a ocorrer, e o exemplo mais importante é o de São Cristóvão. Antigo bairro imperial, na década de 1890, perdeu gradativamente seu ar aristocrático e passou a abrigar diversas indústrias por conta de sua localização, perto do porto e da Central do Brasil.

Em 1891, a área de Santa Teresa teve seu sistema de transporte potencializado com a formação da Companhia Ferro-Carril Carioca, que passou a ter a concessão do Plano Inclinado de Santa Teresa. São novos tempos. Em 24 de fevereiro de 1891 ganhamos a primeira Constituição republicana, resultado da Assembleia Constituinte que elegeu Deodoro da Fonseca presidente e Floriano Peixoto vice. As emoções dos novos tempos também caminham na área da economia. Os novos mecanismos financeiros geraram uma febre de negócios e de especulação levando ao Encilhamento, provocado pela política de Rui Barbosa: "No ano de 1891 veio a crise, com a derrubada do preço das ações, a falência de estabelecimentos bancários e empresas. O valor da moeda brasileira, cotado em relação à libra inglesa, começou a despencar."[18]

A crise econômica afetou as relações políticas, e a situação se complicou com a renúncia de Deodoro da Fonseca e a ascensão ao poder de Floriano Peixoto. Para piorar a situação, o ano de 1891 também foi marcado pelas epidemias de malária, varíola, influenza e febre amarela.

A área sul da cidade estava sendo atingida de forma direta. A Companhia de Melhoramentos

18 B. Fausto, *História do Brasil*, p. 252.

A estação Central originalmente chamada Estação da Corte e depois batizada Estação Dom Pedro II. O edifício foi demolido nos anos 1930 para dar lugar à construção atual, exemplar da arquitetura art déco *carioca. A Central transformou-se no principal instrumento de expansão da cidade para a área norte e mantém essa centralidade até hoje. Foto de Marc Ferrez, c. 1899.* Acervo Instituto Moreira Salles

Um túnel estratégico para a urbanização de Copacabana: originalmente batizado de Túnel Real Grandeza e hoje conhecido como Túnel Velho, oficialmente chama-se Alaor Prata em homenagem ao prefeito da cidade de 1922 a 1926. A foto de Juan Gutierrez registra a data histórica da sua inauguração, em 1892.
Acervo George Ermakoff

O princípio da urbanização de Copacabana no alvorecer do século XX. Foto de Marc Ferrez. Acervo Biblioteca Nacional

da Lagoa iniciou a abertura da avenida Niemeyer em 1891 e, em 1892, assistimos à regulamentação do governo da cidade de acordo com a nova Constituição, que definiu a autonomia municipal restrita ao Distrito Federal e permitiu um desenvolvimento favorável para a cidade.

Em 1892, a Companhia Ferro-Carril Carioca obteve a permissão para o prolongamento de suas linhas até o morro de Santo Antônio, o que motivou a criação de uma estação terminal no sopé do morro. Mas a mudança mais significativa ficou por conta da Companhia Jardim Botânico, que implementou o primeiro bonde elétrico. Por iniciativa da mesma companhia, Copacabana se abriu para a cidade com a construção do Túnel Velho nesse mesmo ano.

Quem passa pelo Túnel Velho – que liga as ruas Figueiredo Magalhães e Siqueira Campos (em Copacabana) à rua Real Grandeza, na altura do cemitério São João Batista (em Botafogo) – talvez não se dê conta da revolução que era, há 125 anos, o ato de furar uma pedra de cerca de um quilômetro de comprimento, permitindo que veículos atravessassem o morro de um lado para o outro.

Em uma cidade dominada pelos morros, os túneis foram, desde a virada do século XIX para o século XX, os mais espetaculares facilitadores da mobilidade urbana. Entrar em Botafogo por dentro da rocha e sair,

O primeiro bonde elétrico que circulou no Rio de Janeiro e na América do Sul, em 1892. O terceiro da direita para esquerda é o presidente da República, Floriano Peixoto. Acervo Museu da Imagem e do Som / Col. Jurandyr Noronha

pouco tempo depois, era como viajar no tempo. Do Túnel Velho (atual Alaor Prata) ao Túnel dos 450 anos (escavado em 2015 na região da praça Mauá), a história dos transportes cariocas passa, necessariamente, pelos buracos que os engenheiros começaram a furar há mais de cem anos.

A situação política se complicou com a Revolta da Armada, em 6 de setembro de 1893. A cidade do Rio como palco principal da revolta se tumultuou de tal maneira que parecia um campo de batalha, bombardeada pela Marinha. Os intelectuais se dividiram e vários seguiram para o exílio em Minas Gerais. Passado o tempo da revolta, a cidade voltou ao caminho da modernização. Ainda em 1893, os bondes elétricos já unem o Centro da cidade ao largo do Machado.

Os corticeiros sofreram uma derrota inesperada. Por ordem do prefeito Barata Ribeiro, em guerra contra os cortiços, era derrubado o famoso cortiço Cabeça de Porco (mais ou menos onde hoje se situa o túnel João Ricardo, na área atrás da Central do Brasil), que era habitado por cerca de quatro mil pessoas, mais animais e seus pertences. Barata Ribeiro, com o apoio de um forte esquema de forças policiais e militares, demoliu o cortiço com choro e pesar dos moradores. O episódio ficou marcado na cidade. Para Maurício Abreu, ele representou o início da intervenção direta do Estado na geografia da cidade.

Tílburis e pedestres no largo São Francisco de Paula, c. 1895. Ao fundo, o prédio da Escola Politécnica, onde hoje funcionam os cursos de História, Ciências Sociais e Filosofia da UFRJ. À direita e ao fundo, na rua Luís de Camões, vê-se a linha dos bondes em operação, ainda movidos por tração animal. Foto de Marc Ferrez. Acervo Instituto Moreira Salles

Na *Revista da Semana*, a capa espelhava o impacto. Através de um desenho de uma cabeça de porco colocada numa bandeja, via-se uma barata roendo a cabeça com o texto: "Barata come cabeça de porco." Cabeça de porco transformou-se em sinônimo de cortiço.

A necessidade de integração do Distrito Federal deu origem a uma nova estrada de ferro. Em 11 de novembro de 1893, é inaugurado o primeiro trecho da estrada de ferro Melhoramentos do Brasil, incorporada à Central do Brasil dez anos depois. Esse primeiro trecho ligava a Mangueira até Sapopemba (atual Deodoro). No campo da economia da cidade, é o tempo das indústrias que se implantam nas Laranjeiras e no Jardim Botânico, mas também em Vila Isabel. A rede de transportes foi, de certo modo, a condição para esse *boom* industrial. Para Benchimol: "Em 1894, as principais linhas em tráfego da Carris Urbanos eram: Hospício-Estrada de Ferro, praça Onze-Barcas, São Francisco-Plano Inclinado, Estrada de Ferro-Lapa, Saúde-Barcas e São Diogo-Carceller. Possuía 16 linhas ao ser incorporada pela Light and Power, em 1907."[19]

A grande festa da cidade, o carnaval, não aconteceu em 1894, proibida pelo prefeito Henrique Valadares, por dois motivos. Um, a febre amarela, que tomou conta da cidade e, dois, o estado de sítio por conta da Revolta da Armada, que terminou em 14 de julho. Era uma péssima notícia para os negócios comandados por Vera. Àquela época, o carnaval seguia os modelos europeus, venezianos, e era uma comemoração quase exclusiva da classe mais abastada da população. Os corsos, muitos puxados por animais, circulavam pelas ruas, e as batalhas de confetes eram tradicionais. As fantasias eram confeccionadas em tecidos de luxo e pedrarias e, nos meses de janeiro e fevereiro, a fila de moças atrás do corte da moda na Progresso costumava ser grande. E não seria apenas o cancelamento do carnaval que alardearia a cidade naquele início de ano de 1894. O trânsito começava a preocupar a população: os primeiros acidentes graves, a necessidade de um código de trânsito.

> "Ontem, às 4 e meia horas da tarde, mais ou menos, o Sr. Dr. Matta Bacellar, deputado federal do Estado do Pará e 2º. Vice-presidente da Câmara dos Deputados, foi vítima de um desastre, que causou-lhe a fratura comitativa do terço inferior da perna direita, o lamentável acidente deu-se pela forma seguinte: lá o Sr. Dr. Bacellar de pé no estribo do bonde expresso da *Companhia de Carris Urbanos*, linha da Estrada de ferro, quando, ao passar pela rua dos Andradas, uma carroça de eixo fixo, carregada de couçoeira de pinho que caminhava na mesma direção, atingiu a perna do Sr. Dr. Bacellar, que aturdido pela dor, deixou-se desprender do bonde, auxiliado por muitos conhecidos, foi transportado para o corredor de um sobrado, de onde o próprio ferido mandou aviar em uma farmácia um medicamento para ir aplicando até chegar a sua residência, na estação do Rocha, para onde seguiu logo em carro, acompanhado do cirurgião dentista Manoel Moreira da Silva, e outros amigos. O condutor da carroça foi imediatamente preso. Se todos reconhecessem o grande perigo a que se expõem os que andam em pé nos estribos

19 J. L. Benchimol, *Pereira Passos: Um Haussmann Tropical. A renovação urbana da cidade do Rio de Janeiro no início do século XX*, p. 108.

PÁGINAS SEGUINTES
A Glória vista de Santa Teresa, c. 1880, antes do seu aterro. Foto de Marc Ferrez. Acervo Instituto Moreira Salles

de bonds se evitariam mais estes tão constantes acidentes."[20]

20 *O Fluminense*, 18 out. 1894.

A Companhia Ferro-Carril de São Cristóvão avançou em direção à Tijuca com as seguintes estações: Alegria, Caju, Pedregulho, Campo de São Cristóvão, Coronel Figueira de Melo, Bispo, Estrela, Santa Alexandrina, Itapagipe, Estácio de Sá, Catumbi, Tijuca, Muda da Tijuca, Itapiru e São Francisco Xavier.

Em 1896, o Leme e Copacabana (Igrejinha) receberam os bondes, e a Companhia Ferro-Carril Carioca abandonou a tração animal e seus novos bondes passaram a circular por Santa Teresa. Esses bondes circulam até o largo do França pelo aqueduto da Carioca, transformado em viaduto de tráfego. Novos edifícios vão sendo construídos, e chamou a atenção da população na Glória a construção do futuro templo da Igreja Positivista do Brasil, inaugurado em 1897.

Longe da cidade, mas com repercussões enormes na imprensa, a Guerra de Canudos explodiu com a estabilidade da República, e seus resultados ajudaram a mudar a paisagem da cidade do Rio de Janeiro. Em 1897, os soldados vindos de Canudos ocuparam a parte alta do morro da Providência, dando origem à primeira favela, ocupação que recebeu este nome por causa da planta favela, cujos frutos das sementes foram trazidos em suas botas.

O clima de mudança atingiu novamente a cidade com as eleições presidenciais. Campos Sales elegeu-se e prometia um novo tempo. A Confeitaria Colombo, fundada em 1894, reabria as suas portas em 1898, depois da reforma que lhe deu um rosto mais francês.

A cidade chegou ao fim do século. É quase uma cidade moderna, falta muito pouco para ela se transformar em metrópole. Antes percorrida apenas pela via marítima, tornou-se uma cidade terrestre com a era do bonde. Todos os ganhos criaram as condições concretas para a transformação que será realizada a partir de 1903.

Vera se locomovia na cidade através da nova rede de transportes. Depois de se casar, ela foi morar em Santa Teresa e, além de poder visitar com tranquilidade os pais em Botafogo, facilmente chegava a Vila Isabel, onde fazia as compras para a loja e para a Confecções Simão, também de sua propriedade, na Companhia Confiança de Tecidos. A fábrica – ou, vá lá, o apito da fábrica – seria, anos mais tarde, imortalizada em um samba de Noel Rosa.

1900

Capítulo 4

A cidade republicana

1920

Bahia

Modernidade carioca e cultura urbana

NOVO SÉCULO NASCEU cheio de expectativas para o mundo, o Brasil e a sua capital – o Rio de Janeiro. Era o tempo das novidades, dizia João do Rio. A cidade se torna tão complexa e contraditória como qualquer outra capital europeia. As contradições sociais no Rio saltam aos olhos. Basta andar pelas ruas para se perceber as diferenças sociais. Foi-se o tempo dos médicos sanitaristas. É o momento dos engenheiros, que recuperam as ideias dos membros da Comissão de Melhoramentos. Elas serão os novos construtores da cidade. Ao lado deles, aqueles que nasceram trabalhadores e que agora estão se envolvendo com o trabalho.

Ao lado do glamour burguês, há o lado menos glamoroso do trabalho. E é João que agora nos guia pela cidade. João é um dos personagens nascidos e criados nas ruas do Rio, que conhecem a beleza e alma encantada das ruas, e que sempre nos ajudarão a contar a história da cidade. Assistente do Dr. Alberto, mas também seu parente, João

Baía do Rio de Janeiro na entrada do século XX: a avenida Central coroada pelo Palácio Monroe na extremidade próxima ao mar e tendo a Biblioteca Nacional ao centro da imagem. A panorâmica é de A. Ribeiro, s/d.
Acervo Biblioteca Nacional

passou por quase todos os postos de trabalho do comércio do Rio de Janeiro. Conhece muito bem a cidade e adora olhar o movimento, em especial, as novidades. Depois de um período interessante de trabalho ao lado de Alberto, João percebeu que gostava mesmo era de estar no comércio. Nada o fazia mais feliz do que trabalhar como garçom na Confeitaria Colombo. Da confeitaria, via a cidade toda em movimento; dali, avistava a rua do Ouvidor, as modas, os bondes. Andando de bonde, percebeu a importância desse veículo para a cidade. Sem ele, seria impossível conhecê-la. Além disso, o bonde era bom para namorar, encontrar gente.

Do bonde e no bonde, o pedestre podia ter acesso a tudo que acontecia no Rio de Janeiro. Muitos amigos de João, que moravam nos subúrbios, brincavam de ir a cidade. Tomavam o bonde em Vila Isabel e deixavam-se relaxar. Movimentavam-se pelo estribo, fugindo do homem que cobrava a passagem. Divertiam-se. Com o início dos anos 1900, incorporaram-se aos trabalhos de modernização da cidade e ajudaram a construir boa parte da cidade moderna. Todos esses esforços se consolidam, aos poucos, até 1903.

Essas iniciativas no Centro provocaram um verdadeiro ir e vir da multidão que se movimentava em torno das novas demandas. Com isso, crescem as favelas nas cidades, também por conta da política de proibição dos cortiços. Os moradores são soldados, ex-escravos e gente trabalhadora. Dois lugares, em especial, chamavam a atenção das autoridades públicas: o morro do Castelo e o morro de Santo Antônio. A razão comum aos dois era a localização desses morros: eles ficavam em pleno Centro da cidade e atrapalhavam as providências para o embelezamento da cidade. O morro do Castelo havia sido invadido por trabalhadores desde o fim do século XIX e chocava pela paisagem contrária ao que se desenvolvia a sua volta.

O mesmo acontecia com o morro de Santo Antônio, que ocupava o largo da Carioca, cenário do desenvolvimento das novidades e muito próximo da rua do Ouvidor, que abrigava o comércio chique da cidade: a Torre Eiffel, a Trovador, a Sloper, a Notre Dame de Paris, a Casa Clack, a Casa Gomes, a Leuzinger, a Merino, Mme. Coulon, o Palais Royal e a Casa Raunier; as confeitarias também estavam nos arredores: a Paschoal, Cailteau, Braço de Ouro, a Colombo, a Deroche; os cafés estavam presentes, como o Café Paris e a casa de chá Menéres.

As festas tomavam conta da cidade e envolviam eventos históricos e sociais motivados pela necessidade de dar sentido e significado à nação. Em 1º de janeiro de 1900, começam os festejos de comemoração do 4º Centenário da Descoberta do Brasil. Essas festas se estenderam por todo o ano. Em maio, acontecia a festa Passeio Veneziano na enseada de Botafogo, com fogos de artifício e passeios marítimos. A imprensa, falando do evento, mencionava que oitenta mil espectadores estiveram presentes. A cidade ganhou um aeroclube: o Aeroclube do Brasil é fundado no largo da Carioca.

O novo século e a República produzem novas atitudes no campo das ideias, transmitidas por jornais que surgem a todo tempo, destacando-se, entre eles, a fundação do *Correio da Manhã*, de Edmundo Bittencourt, com sede na rua do Ouvidor. O novo tempo também exigiu mudanças nas formas de

PÁGINA AO LADO
Bondes lotados: andar no principal meio de locomoção da cidade no início do século, os bondes, era também uma diversão. Na foto, visivelmente lotada, a linha da praça Quinze de Novembro em uso. Acervo Light

EXPRESSÕES QUE NASCERAM NOS TRILHOS DOS BONDES...

ALMOFADINHA
Virou sinônimo de frescura, excesso de arrumação. Como os bancos do bonde eram de madeira, alguns levavam sua almofadinha para ter uma viagem mais confortável.

ANDAR NA LINHA (DO BONDE)
Ser correto.

COMPRAR UM BONDE
Cair no conto do vigário, ser enganado, fazer mau negócio.

CONDUTOR · COBRADOR · MOTORNEIRO
Motorista do bonde.

PEGAR O BONDE ANDANDO
Literalmente, era tomar o veículo em movimento, com cuidado para não levar um espetacular tombo e perder uma perna na estripulia.
Em linguagem figurada, significa pegar uma conversa pela metade, entrar num assunto sem saber direito do que se trata.

PERDER O BONDE DA HISTÓRIA
Perder-se no contexto de algo.

PONGAR (E DESPONGAR)
Subir (ou descer) no bonde sem que este pare.

TOCAR O BONDE
Levar algo adiante.

TOMAR O BONDE ERRADO
Ter frustrado seus intentos.

TROMBADA
Na São Paulo dos anos 1920, um elefante fugiu do circo e derrubou um bonde com a tromba. Virou sinônimo de colisão.

ACIMA *O interior de um bonde de distinção, o "luxo car".* Acervo Light

À DIREITA *O bonde elétrico liga a Gávea à praia de Botafogo, c. 1910. Foto de Augusto Malta.* Acervo Instituto Moreira Salles

circulação. Surgiam os "bondes de distinção", destinados aos casamentos. Levavam-se os noivos, padrinhos e convidados, e o trajeto, ao invés de rápido, era mais lento:

> "O cocheiro e o condutor usavam curiosa vestimenta: sobrecasaca azul com botões dourados e cartola com roseta. O condutor ia num banco situado na traseira do veículo, solene, de braços cruzados. O bonde era fechado, adornado internamente com cortinas de rendas brancas e flores de laranjeiras." [21]

21 C. J. Dunlop, "Rio Antigo", p. 89.

A cidade dos bondes apresentava uma diversificação de veículos para atender às demandas. Além dos bondes de distinção, havia bondes específicos para o transporte de enfermos, atacados por doenças contagiosas. Um deles, segundo Charles Dunlop, saía da praça da Bandeira, então, largo do Matadouro, e era de cor amarela, e ia até o hospital de São Sebastião. Também havia um serviço de bondes mortuários, pintados de preto, e de bondes de luxo, com assentos e encostos cobertos por brim branco, e assoalho com tapete. Eram mais caros e bonitos e foram apelidados de bondes da ceroula: "As capas brancas eram amarradas nos balaústres por meio de cadarços, como as ceroulas de então."[22]

22 Ibid, p. 90.

A praça Onze foi, aos poucos, se tornando um lugar de reunião da população de trabalhadores que, naquele momento, incluía negros antes cativos, negros vindos da Bahia para o trabalho no porto e judeus pobres do Leste europeu. Também se aninhavam por lá portugueses, espanhóis e italianos. A presença forte do elemento africano transformou a praça num lugar de resistência da cultura africana, já recheada de elementos das tradições cariocas. Os batuques tomam conta da região e animam as festas e as cerimônias religiosas. O som do tambor dá um ruído novo à cidade e marca o passo de um novo tempo.

O ano de 1900 marcou uma nova fase: todos os novos contratos para implantação de bondes exigiam eletrificação. A eletrificação dos bondes trouxe alguns problemas, como o aumento dos acidentes pelo despreparo dos pedestres e do motorneiro e o aumento

GAVEA
194
VIA CATTETE
M. ABRANTES
G. POLYDORO
Malta
Phot
Botafogo
Rio

C.C.U
Malta
da Carioca

Momento de transformação da rua da Carioca: com apenas uma pista, o trânsito fica congestionado por veículos de tração animal. Na lateral direita, nota-se a reformulação arquitetônica em curso, acompanhando as obras de infraestrutura. Foto de Augusto Malta, 1906.
Acervo Biblioteca Nacional

AH, O BONDE DE CEROULAS

Inicialmente, os antigos bondes com tração animal foram atrelados ao bonde principal, para que as pessoas pudessem levar grandes volumes. Como custava a metade do preço, virou uma opção de transporte barato, mas que também era usado por quem tinha mais dinheiro. Daí a "caradura".

Bonde de ceroulas – assim os cariocas apelidaram o bonde de gala, que era forrado com um brim branco, para eventos sociais.

Bonde dos mortos (funerário) – no carro principal iam os parentes, e no reboque, o morto.

Bonde do correio – carro de serviços, assim como o que carregava carne e o que fazia a manutenção nas linhas elétricas.

Bonde de areia (reboque) – os motoristas dos carros tinham o costume de andar sobre os trilhos. Isso fazia com que a borracha se acumulasse, e, nos dias de chuva, os bondes derrapassem nas ladeiras. Para evitar acidentes, de tempos em tempos passava esse reboque, jogando areia.

Bonde ambulância – construído a pedido do governo do Rio de Janeiro, ajudou a cuidar dos feridos da revolta do forte de Copacabana, em 1922.

A diversidade dos bondes: no anúncio da Light, o "carro de bagagens e cargas"; abaixo, o auxiliar mecânico, "bonde assistência", em foto de Augusto Malta de 1922.
Acervos Light e Museu da Imagem e do Som / Col. Jurandyr Noronha

da violência de menores no Centro: "Diversos caixeiros de lojas de fazendas da rua da Carioca vieram pedir que reclamássemos do sr. Delegado da 6ª Circunscrição urbana as providências contra uma quadrilha de menores gatunos que se acouta no morro de Santo Antônio, perto da passagem dos bonds elétricos."[23]

23 Jornal do Brasil, "Queixas do povo", nov. 1900 apud M. Alvito e A. Zaluar (orgs.), *Um século de favela*, p. 10.

O aumento da circulação de bondes com vários serviços que não só de passageiros atormenta a cidade com novos acidentes. No ano de 1902, a *Gazeta de Notícias* noticiava:

> "Lamentável acidente de um bonde da Companhia de Vila Isabel, ontem, às 4 horas da tarde, saltavam na rua Mariz e Barros esquina com rua do Matoso, as srs. Idalina Gomes França e sua mãe Margarida Gomes da Costa Villar com uma criança de colo, quando foram apanhadas por um vagão da Companhia Industrial, carregado de fardos de algodão, e que as atirou por terra. A criança felizmente nada sofreu, ficando D. Idalina com algumas contusões e sua mãe com a coxa direita fraturada. Medicadas em uma farmácia da rua de São Cristovão, recolheram-se em seguida à sua residência, a rua Fonseca Lima n. 29, onde foi chamado o Sr. Dr. Moncorvo Filho para medicá-las, o qual julgou grave o estado de D. Margarida Gomes. A polícia da 9ª Circunscrição tomou conhecimento do fato, tendo-se evadido o cocheiro do vagão."[24]

24 Gazeta de Notícias, 15 ago. 1907.

Em 1902, o povo brasileiro elegeu Rodrigues Alves, mantendo o domínio das oligarquias paulistas, e com ele concretizou-se o projeto de reforma da cidade. Entretanto, o caminho para a realização da reforma não será fácil. Vários grupos defendem projetos diferentes. Dois grupos se destacavam. Um, capitaneado pelo ministro da Viação e Obras Públicas, Lauro Muller, que juntava engenheiros portadores de um currículo importante, pois haviam desenvolvido o projeto do novo porto da cidade e tinham como interesse a manutenção da política do café e das relações com o mundo. O grupo do Pereira

Bondes x carros: o anúncio da Light satirizava o trânsito caótico dos veículos motorizados. Acervo Light

nauguração da Fonte do Jardim da Gloria
Rio-24-2-06

Passos compartilhava os interesses do grupo de Lauro Muller, mas também se adaptava aos ditames da Comissão de Melhoramentos.

Assim, a reforma traduzia interesses diferentes, mas ambos viam-na menos como uma dimensão de futuro e mais como consolidação das orientações do século XIX. A reforma que mudou a cidade já nascia velha, mas era importante materializar as ideias. Pereira Passos foi indicado para conduzir a obra como prefeito com o objetivo de remover da cidade o que ainda havia de colonial. Começava um novo tempo, onde progresso e ordem se combinavam, nos atos e nas ações da Prefeitura.

O projeto de reforma da cidade do Rio de Janeiro tinha por trás mais alguns elementos. Era a oportunidade de vencer a concorrência com Buenos Aires pela liderança na América do Sul, e isso fez com que as discórdias fossem deixadas num segundo plano. Assim, o projeto pensado por Passos foi alterado com a introdução de uma grande avenida que ligaria o porto à área nobre da cidade, que corria para o sul.

A partir de 1903, Passos entrou em cena junto com vários outros engenheiros, em especial, Paulo de Frontin, que comandaria a construção da avenida Central, a qual se tornou o ícone da reforma. Pereira Passos empreendeu alterações importantes na cidade, ampliando-a com a abertura de novas ruas e avenidas. Surgiram as ruas Mem de Sá, Salvador de Sá, a avenida Beira Mar, a avenida Atlântica. Paralelamente, com investimentos da União, terminou o novo porto da cidade e construiu a avenida Central e a Francisco Bicalho. A cidade passou por um processo de embelezamento, a exemplo da praça Quinze, as localidades da Glória, do largo do Machado, da praça São Salvador, da praça Onze, do Passeio Público e e da praça Tiradentes receberam melhoramentos de jardins, arborizações e fixação de estátuas. Foram criados os Jardins Suspensos do Valongo, no lugar onde eram depositados onde os negros vindos da África eram dispostos para a venda. Santa Teresa e Tijuca se transformaram em distritos em função da reforma.

Arthur, o filho do médico Alberto, foi um entusiasta das reformas de Pereira Passos – pelo menos no início. Depois de se formar em engenharia pela Escola Politécnica (criada por Dom João VI em 1810 e atual Escola de Engenharia da UFRJ), Arthur voltou seus negócios para os novos empreendimentos que acompanhariam as mudanças tocadas por Pereira Passos a partir do início do século XX. O Rio era, literalmente, uma cidade em construção. Seu escritório funcionava na avenida Beira Mar e de lá, para chegar até o burburinho da região da rua do Ouvidor, ele era obrigado a contornar o morro do Castelo. Às vezes, Arthur pensava se não seria melhor mesmo que o morro não estivesse ali...

Sentado diante do mapa da cidade, Arthur gostava de imaginar como seria aquela região se parte do que estava no caminho entre o início da rua Direita e a baía de Guanabara, lá pros lados de seu escritório, não estivesse mais lá. Ele estava ciente de que qualquer programa encontraria a resistência dos moradores, obrigados a buscar novas moradias, mas entendia que a engenharia poderia auxiliar na solução dos problemas. Arthur imaginava uma avenida ampla cortando o centro da cidade, ladeada por vilas decentes onde

O Jardim da Glória, entre pedestres, bondes, coches e cavalos, em 1906. Foto de Augusto Malta. Acervo Arquivo Geral da Cidade do Rio de Janeiro

os antigos moradores poderiam ser abrigados. Por isso, durante todo o processo de reconstrução do Centro, ele não conseguia se decidir entre apoiar as ações urbanísticas de Pereira Passos ou ficar ao lado da população que lutava contra a remoção.

As dúvidas de Arthur – que seriam dúvidas de muitos outros engenheiros e arquitetos da cidade na época – não eram as dúvidas de Pereira Passos. Além do projeto principal de "arejar" o Centro, ele pensava que seria necessário mudar também a geografia humana do lugar, demolindo os antigos cortiços, retirando moradores de suas casas, abrindo espaço. Passos tinha suas convicções e derrubaria o que estivesse na sua frente para concretizá-las.

Além da ação sobre a estrutura física da cidade, Passos agiu sobre os antigos costumes. Decretou guerra contra os quiosques, proibiu a venda de miúdos em tabuleiros nas ruas, costume que no ano de 1904 passou a

ACIMA *Cortiços resistentes ao plano de urbanização de Pereira Passos.* *Acervo Arquivo Nacional*

À ESQUERDA *Grandes empreendedores do projeto de modernização da cidade: o prefeito Francisco Pereira Passos e José Maria da Silva Paranhos Júnior, barão do Rio Branco, em 1911. Foto de Augusto Malta.* *Acervo Instituto Moreira Salles*

ser legal até as 10 da manhã. As proibições alcançaram a ordenha de vacas em praça pública, fixando regras de fiscalização para a extração e venda de leite e para a captura e eliminação de animais de rua. A prática de mendicância também foi proibida, seguida do banimento da venda de bilhetes de loteria; demarcação de espaços para o plantio de capim e hortas; proibição de cuspir nas ruas, soltar pipas, fazer fogueiras, soltar fogos de artifício e balões.

As estratégias utilizadas para a reforma assumiram várias direções. Era necessário dar conta dos problemas elencados pela Comissão de Melhoramentos. O morro do Senado foi arrasado, e parte de sua terra foi usada para o término das obras do novo porto, dirigidas por uma comissão de engenharia na qual pontificavam Francisco Bicalho, Alfredo Lisboa e Lauro Muller, entre outros. No meio da balbúrdia das obras, em 1903, a cidade recebia Santos Dumont, no dia 10

Veículos motorizados começam a ocupar as principais vias da cidade: na rua Primeiro de Março, em 1911, os quiosques atraíam os clientes com o colorido das bandeiras de decoração. Foto de Augusto Malta. *Acervo Biblioteca Nacional*

A presença massiva dos tílburis como meio de transporte na avenida Central, em 1910.
Acervo Iconographia

de novembro, após o seu primeiro voo em torno da Torre Eiffel. Ao mesmo tempo, as autoridades públicas proíbem o entrudo, por ser um costume selvagem, em desacordo com o de conceito organizador da reforma, que era de civilização. A Cidade Velha começou a perder espaço para a nova cidade. Antigas ruas viraram novas avenidas e novas ruas, como a rua do Sacramento, que se transformou em avenida Passos, e também ocorreu o alargamento da rua da Prainha, que tomou o nome de rua do Acre. Em 1904, as obras correm a todo o vapor, e também as proibições, como a da criação de suínos na cidade. As desapropriações e os despejos se alastram e afetam os interesses dos portugueses e das ordens religiosas.

O cuidado com a saúde estava na lista das reformas, e Oswaldo Cruz foi o escolhido por sua experiência no Instituto Pasteur e pela criação das instituições de guarda da cidade. Para o grande médico, tornava-se fundamental, numa metrópole moderna, um trabalho de preparação para a eliminação das epidemias, depois de terem testado ações bizarras que levaram à criação das fazendas de ratos, por conta do pagamento oferecido pela Prefeitura pelos ratos mortos pela população. Mas o que chamava mais atenção era a ideia da vacinação.

Em meio a tudo isso, começavam as obras da avenida Central, em 29 de fevereiro de 1904:

> "A abertura dessa importante diagonal foi executada sob responsabilidade do Ministério da Viação, cujo titular era, na ocasião, o Min. Gal. Eng. Lauro Severiano Muller. A avenida Central seria um complemento natural das duas grandes obras que se estavam realizando naquele instante na cidade: Cais do Porto e avenida Beira Mar. O fator tempo era importantíssimo, porque todas elas deveriam ficar prontas no Governo Rodrigues Alves. (...) Confiou Lauro Muller a chefia da Comissão Construtora da avenida Central ao Eng. André Gustavo Paulo de Frontin."[25]

25 B. Mattos e A. R.Travassos, *Colombo 100 anos no dia a dia da cidade do Rio de Janeiro*, p. 40.

> "Por uma confusão até certo ponto explicável, muitos supõem ter sido obra de Pereira Passos, então o remodelador da cidade, ou de Paulo de Frontin, o brilhante engenheiro-chefe da Comissão que a construiu. Mas, na verdade, o seu idealizador foi Lauro Muller."[26]

26 *O Rio de Janeiro e seus prefeitos - evolução urbanística da cidade*, p. 21.

Além do término de parte das obras da reforma, a cidade ganhou um novo palácio: o Monroe, que havia sido o pavilhão do Brasil na Exposição internacional de Saint Louis. O prédio ocupou um dos extremos da nova praça, oriunda da avenida Central. As inaugurações vão se sucedendo e, em 1907, um novo trecho do novo porto do Rio é inaugurado com uma extensão de 500 m. Segundo o censo de 1906, cerca de duzentas mil pessoas habitavam a região da praça Onze "amontoadas em casebres e cortiços, às vezes com oficinas no térreo".[27] As inaugurações na zona portuária vão de vento em popa, chegando até a abertura do Quartel da Polícia Militar no largo da Harmonia.

27 B. C. Silva, "Minorias Unidas".

A região de Copacabana, antigamente residência de pescadores, em pequenas palhoças, inserida à cidade com a abertura do Túnel Velho em 1892 (ou túnel da Real Grandeza), cresceu após a extensão do trajeto de bondes até a praça Serzedelo Correia (inaugurada em 1893 pela Companhia Jardim Botânico) e, posteriormente, até o fim da avenida Nossa Senhora de Copacabana. Os bondes da Companhia Jardim Botânico passaram a ligar a Igrejinha à Ipanema com energia elétrica. Com isso, a região foi sendo ocupada, através da vila de Ipanema.

Em 1907, o cais do novo porto já alcança 1.465 m. Nesse mesmo ano, observou-se a passagem do primeiro auto-ônibus pela avenida Central, e as construções na avenida começaram a dar um ar diferente

Ônibus lotado: assim como no bonde, era comum ver "pingentes" – usuários que viajavam dependurados pro lado de fora do carro –, se arriscando nas viagens de ônibus. Museu da Imagem e do Som / Col. Jurandyr Noronha

A expansão da cidade para a Zona Sul: a ocupação de Ipanema, em 1911, caracteristicamente residencial, e ainda a utilização do transporte puxado por tração animal. Foto de Augusto Malta.
Acervo Biblioteca Nacional

Malta
Phot.

PONTO FINAL

Por cerca de cinquenta anos, os bondes dividiram as ruas com outros veículos. O convívio com eles, cada vez em maior número, nem sempre era amigável. Em São Paulo, no ano de 1911, foi construído pelos irmãos Luiz e Fortunato Grassi o primeiro ônibus brasileiro. Por volta de 1920, com o petróleo mais barato que a eletricidade, o Brasil começa a importar jardineiras dos Estados Unidos.

A pressão das empresas de ônibus para o fim dos bondes foi aumentando. A Light queria desistir do serviço, mas um decreto de Getúlio Vargas, em 1937, a obrigou a prosseguir. São Paulo (1968) e Santos (1971) foram as últimas cidades a aposentarem seus bondes. O bonde de Santa Teresa, no Rio de Janeiro, é a única linha urbana no país que continua circulando.

PÁGINA AO LADO
Ontem e hoje: o aqueduto da Lapa, utilizado desde o século XIX como linha de bonde do bairro de Santa Teresa. O aqueduto passou a funcionar como caminho de bondes a partir de 1896. Foto de Augusto Malta, s/d.
Acervos Arquivo Geral da Cidade do Rio de Janeiro e Rio Trilhos (foto atual)

à paisagem. Em 1908, ficou pronto o prédio da Escola Nacional de Belas Artes e foi concluído o desmonte do morro do Senado que daria origem à futura praça da Cruz Vermelha. No ano seguinte, 1909, as obras do Teatro Municipal chegaram ao fim, dando destaque – junto com o prédio da Escola de Belas Artes e o Palácio Monroe – ao final da avenida, tornando-se os ícones da nova cidade.

Também em 1909, o Rio é palco de uma grande enchente. Exatamente no dia 21 de março, depois de uma tempestade às seis horas da tarde, a cidade mergulhou no caos. A chuva prejudicou o serviço dos bondes ainda puxados por burros, causando uma enorme bagunça nos bondes eletrificados da Light, pelas imensas filas formadas. Em função da ventania, andaimes e tapumes ruíram, entulhando as ruas. A cidade alagou como poucas vezes. A chuva interrompeu a circulação de trens, o funcionamento de telefones, telégrafos, derrubou árvores. Na rua General Polidoro, dois pobres burros foram fulminados por forte descarga elétrica, motivada pela queda de um fio condutor da rede de alta tensão da Companhia Ferro-Carril do Jardim Botânico.

Circulação de ônibus elétrico no entorno do Palácio Monroe, no Centro da cidade. A linha Mauá-Monroe funcionou de 1918 a 1928. Foto de Augusto Malta, s/d.
Acervo Arquivo Geral da Cidade do Rio de Janeiro

ACIMA *O Túnel Novo: importante obra inaugurada em 1904, feita para a integração entre os bairros de Copacabana e Botafogo. Foto de Augusto Malta, s/d. Acervo Arquivo Geral da Cidade do Rio de Janeiro*

AO LADO *Os primeiros traçados das ruas e avenidas de Copacabana, c. 1905. Foto de A. Ribeiro. Acervo Biblioteca Nacional*

Ao mesmo tempo que via novos projetos surgirem no Centro do Rio, muitos deles desfigurando a paisagem humana do lugar, o Rio de Janeiro crescia mais e mais para o sul. Copacabana, até então um enorme areal, passaria a ser considerada um lugar de futuro, destino para os bacanas dispostos a construir casas de veraneio, locais onde poderiam passar os fins de semana longe do burburinho do Centro. Arthur Rodrigues – que já discordava do padrão imposto para a reurbanização do Centro – foi um dos primeiros a fincar os pés nas areias branquinhas de Copacabana. Lá, ele transformaria sua firma de engenharia na escolha natural dos novos moradores do bairro.

Sairiam das pranchetas dos engenheiros e arquitetos da firma os projetos para os primeiros empreendimentos no bairro, pequenas vilas que corriam perpendiculares à orla. Mais ou menos como o paredão de prédios que tomaria conta da paisagem do bairro anos mais tarde, eram as vilas de casas geminadas o retrato de Copacabana naquele período. Pelo menos até o surgimento do Copacabana Palace, em 1923, exatamente um ano após o início da demolição do morro do Castelo. Na família Rodrigues, contam que Arthur, que não teve filhos e morreria em 1925, em Paris, esteve por trás das primeiras plantas de construção do hotel.

COPACABANA RIO DE JANEIRO BRAZ

A avenida Atlântica antes da duplicação, vista do pátio do Copacabana Palace Hotel. Foto de Augusto Malta, s/d.
Acervo Biblioteca Nacional

Caes do Porto
do Rio de Jan.
Malta
fot.
11738

Copacabana e Ipanema receberam, na passagem de 1909 para 1910, a base do saneamento da região, numa preparação, especialmente em Ipanema, de loteamentos de luxo, uma vez que a área era pouco habitada. Em 1910, houve uma grande festa no Centro em função da abertura da Biblioteca Nacional; com ela, o cenário do progresso cultural da cidade estava realizado. Junto com a Escola Nacional de Belas Artes e o Theatro Municipal, formaram a base do Brasil cultural moderno e mostravam a pujança do novo tempo.

A cidade se modernizava e se espalhava. Entretanto, os contrastes permaneciam. Entre eles, destacavam-se os cortiços e os costumes populares que se mantinham, embora o controle e a vigilância, realizado através de posturas municipais, fosse rígido. Esses costumes populares incorporaram a mania carioca do jogo do bicho e fizeram com que o jogo ampliasse seu raio de ação, mas se transformasse em contravenção:

> "Em 1910, a repressão já era grande – claro, dentro dos padrões de "jogo do bicho" – e contou até com a Campanha do Mata Bicho, cujo objetivo era extinguir os bicheiros do Rio de Janeiro. De lá para cá, a cada ano surgiam delegados dispostos a levantar a bandeira, que, porém, nunca exterminou a jogatina, como relata o livro de Felipe Magalhães por meio de trechos de jornais da época, propagandas e textos literários. Desde 1910, o índice de condenações sempre foi ínfimo, bem longe dos 20% dos acusados."[28]

28 F. Sales, "Impunidade na cabeça".

Em 1910, como culminância das reformas, é inaugurado oficialmente o porto do Rio de Janeiro. Com a presença de Afonso Pena, Presidente da República, o público pode ver os novos 2.700 m dos 3.500 m que seriam construídos até 1924.

A rua do Sacramento passou a se chamar avenida Passos e Copacabana e Leme receberam, em 1910, calçamento com macadame betuminoso, aprimoramento da arborização e a criação de praças. Por fim, a avenida Central passou a se chamar avenida Rio Branco em homenagem ao estadista morto nesse ano.

Os anos 1910 determinaram mudanças que decorreram de constatações geradas pelas contradições produzidas pelo processo de modernização. A reforma, entusiasticamente esperada, não tem o alcance desejado por todos. Fruto de grupos com interesses diferentes, os projetos acabaram por ficar incompletos e atingiram, com impacto maior, apenas o Centro da cidade. Boa parte do que havia sido pensado por Passos ficou para depois. A própria reforma ficou velha ao ser concluída. No fundo, ela pertencia ao século XIX e não ao novo século. Isso fez com que seus resultados fossem mínimos e a cidade requisitasse, novamente, mudanças.

Associado a essa situação, o porto acabou sendo um dos poucos elementos da reforma que se desenvolveu por conta do avanço da economia do café depois do acordo de 1907, e a cidade ficou a sua mercê. Tudo se realizava em função das demandas da economia numa república dominada por cafeicultores. Esse avanço determinou investimentos importantes na produção de café, em função das turbulências na Europa, causadas por duas situações aparentemente distintas.

O Cais do Porto em 1920. Foto de Augusto Malta. Acervo Instituto Moreira Salles

A primeira, o impacto das tensões iniciais na Rússia, decorrentes do avanço das críticas ao governo tzarista, que multiplicou os movimentos sociais e implementou a segunda situação, que envolvia as tensões entre os países imperialistas na ânsia de novos mercados. A exportação de capitais foi o instrumento para amenizar os conflitos, e isso envolvia o Rio de Janeiro e os Estados Unidos.

Esses investimentos precisavam ser ágeis e contundentes, e a cidade era um espaço propício para eles. Em 1911, um dos resultados aparecia – a luz elétrica chegava à rua do Ouvidor:

> "A cerimônia de inauguração, que se revestiu de toda a solenidade, teve lugar às 8 e meia da noite, com a presença do Dr. José Joaquim Seabra, ministro da Viação, do Dr. Otto de Alencar, inspetor geral da Iluminação e grande número de pessoas. Àquela hora, o Dr. Otto de Alencar fez acender, simultaneamente, todas as lâmpadas, que eram em número de 26, e tinham a força de 500 velas cada uma. Devido à estreiteza da rua, foram elas suspensas em arcos presos às paredes dos prédios em cada lado, distando um arco do outro cerca de 6 m e tendo cada um deles uma lâmpada ao centro."[29]

29 C. J. Dunlop, op. cit., p. 117.

Os bondes se transformam no principal meio de circulação pela cidade e atuam diretamente na vida dos cariocas. Os anúncios que indicam remédios para tosse ou xaropes para as crises de asma ou ainda medicamentos para o vigor dos corpos masculino e feminino chamam a atenção dos que vão sentados nos bancos confortáveis, apreciando a paisagem de uma nova cidade. Além disso, os bondes são locais para o crescimento dos casos amorosos na cidade e participam ativamente das mudanças de hábitos, seja pelo incremento à eletrificação da cidade, ou porque auxiliam aqueles que possuem interesses nos novos subúrbios, em parte, criados como decorrência desses novos meios de transportes.

Os bondes são figurinha fácil nas crônicas, o novo modismo literário da cidade. Nos jornais, eles se tornam objeto de elogio e de crítica, mas em todas as crônicas aparecem como um tema do moderno.

Os esportes, como remo e ciclismo, avançam na cidade, ao lado do crescimento do futebol, com os treinos do Flamengo, dissidente do Fluminense, no saco da Glória. O América Futebol Clube também despertou o interesse pelo futebol no Engenho Novo e na Tijuca, locais antes tomados pelo ciclismo. A outra novidade do ano foi a instalação do primeiro trecho do teleférico do Pão de Açúcar que ligava a praia Vermelha ao morro da Urca:

> "Este trecho inicial (...) numa extensão de 528 m e 220 m de altura, foi inaugurado em 27 de outubro de 1912, quando subiram 577 pessoas ao morro da Urca, ao preço de 2 mil réis pela viagem de ida e volta. O "Camarote Carril", como era conhecido o bondinho, construído de madeira, tinha capacidade para 17 pessoas e fazia o trajeto suspenso em dois cabos-trilho, sobre os quais deslizava com oito pares de roldana. A energia era fornecida por uma máquina elétrica de 75 HP e os freios elétricos davam ao sistema

30 Disponível em www.bondinho.com.br/historia-e-curiosidades.

completa segurança. Cada viagem durava, em média, 6 minutos, a uma velocidade de 2 m/s nos dois trechos."[30]

O que chamou atenção de Vera Rodrigues foi a total eletrificação da rede de bondes da Light. A distribuição de energia passou a ser feita por meio de uma rede subterrânea na área central e na periferia e subúrbios, onde havia uma maior concentração de indústrias como no Andaraí e São Cristóvão, além da Gávea, por meio de rede aérea. A Companhia de Tecelagem Carioca, no Jardim Botânico, foi a primeira a contratar os serviços da Light. Os bondes para a área sul da cidade saíam da Galeria Cruzeiro, e os que se dirigiam

Ícone da cidade desde os tempos remotos, o acesso ao morro do Pão de Açúcar por teleférico se deu em duas etapas. Na foto, visitantes desfrutam da paisagem no ponto final do primeiro trecho interligado, c. 1905. Foto de A. Ribeiro. Acervo Biblioteca Nacional

Bondes no largo do Machado: no trajeto entre Botafogo e Centro, o edifício mais alto que se vê na imagem era a garagem de bondes da Cia. Jardim Botânico.

à área norte, da praça Tiradentes ou do largo de São Francisco.

Em 1913, assistiu-se a inauguração do segundo trecho do teleférico do Pão de Açúcar, com uma extensão de 750 m e 396 m de altura.

Os conflitos internacionais se agigantaram e o desfecho foi a eclosão da Primeira Guerra Mundial, em 1914. O conflito produziu uma tensão mundial, prejudicando o comércio, e o resultado no Brasil foi a contenção de despesas que afetaram diretamente a estrutura urbana. No entanto, mesmo diante da situação adversa, a cidade continuou se mobilizando em direção às mudanças para preencher os buracos deixados pela reforma Passos.

As ruas da cidade foram calçadas para atender a novidade do automóvel, que passou a disputar espaço com os bondes; novas vias de acesso às freguesias rurais foram abertas por conta da necessidade de abastecimento em função da guerra e das restrições de importações geradas por ela. A oportunidade de investimentos no desenvolvimento industrial estava presente e haverá um esforço nesse sentido, beneficiado pela Light, que fornecia energia para a cidade, e pelo funcionamento do novo porto.

Eram tempos difíceis, mas a cidade tentou manter o seu movimento. Auxiliado pelos Estados Unidos, o governo brasileiro agia de modo a continuar dando conta do processo

Novos ares na cidade: a velocidade motora no início do século promovia o desenvolvimento e inspirava os movimentos de abetura cultural. Na foto, carros atravessam a avenida Beira Mar, em 1915. Foto de Guilherme Santos. Acervo Museu da Imagem e do Som

de modernização. Entretanto, os limites desse tipo de modernização se mostravam claros. De um lado, em função da guerra e da crise surgiram novas formas de desenvolvimento da política social, com o avanço do anarquismo e do comunismo e da repressão a eles. O movimento social era um caso não de política, mas de polícia. De outro, pela crise para o mercado do café numa economia agroexportadora. Reunidos, esses dois elementos indicavam o início da crise das oligarquias cafeeiras e a necessidade de mudanças que adaptassem o Brasil e a sua capital aos novos tempos.

A ebulição de partidos e de projetos culturais tomou conta do fim da década de 1920 e colocou um ponto final no período da *belle époque*. O crescimento das indústrias trouxe consigo um novo segmento social. Os operários tomavam conta da cidade, e, com eles, a política tomava um novo rumo. Esses operários usufruíam dos bondes e dos trens como principais meios de locomoção e atuavam como críticos das condições de transportes. Também eram esses novos homens que recepcionavam aqui o anarquismo e o socialismo.

E onde estava Vera Rodrigues em meio a essa ebulição de modernidade? Quando, em 1919, o Teatro Carlos Gomes – vizinho ao prédio da Camisaria Progresso – apresentava "Toca o bonde", a revista de Cardoso de Menezes e J. Miranda que era sucesso de público,

Vera já estava casada e morava em Santa Teresa. A mulher que revolucionara muitos dos costumes das cariocas através da moda agora apreciava olhar a cidade do alto das ladeiras do bairro, uma sequência de ruas que se estendia por quilômetros até entrar definitivamente por dentro da Floresta da Tijuca até as Paineiras. Mais que a certeza de que a cidade inteira crescera, Vera confirmava as intensas mudanças em sua vida pessoal: a família abrira indústrias em São Paulo, mas mantinha com sucesso o comércio da praça Tiradentes.

A cidade crescera de uma maneira fulminante – a velocidade dos automóveis que, naqueles anos iniciais do século, começavam a tomar conta das ruas da cidade, fazendo das buzinas uma trilha sonora nova – ao redor do núcleo familiar dos Rodrigues. Passar por cima do aqueduto Carioca, os Arcos da Lapa, a bordo do bonde de Santa Teresa e de lá poder apreciar parte da paisagem que a cidade (o Passeio Público, a torre da igreja de Nossa Senhora da Lapa, o convento de Santo Antônio no alto do morro) proporcionava a Vera um prazer que aprendera com os pais e que cuidara de transmitir aos filhos. E, muitos anos depois, enquanto a cidade continuasse sua mutação, permaneceria na família. Seus filhos, Pedro e Eduardo, tratariam de dar sequência à história.

1920

Capítulo 5

A Cidade Maravilhosa

1945

Praia, cassinos e boates

Os tempos modernos

EDUARDO, FORMADO EM DIREITO, NA EUROPA, tinha observado em sua vivência no exterior a força do debate político durante a Primeira Guerra Mundial e depois dela, e se havia sensibilizado pela experiência operária. Fascinado, introduziu nas suas fábricas, com a ajuda do irmão, formas de humanização do trabalho que lhe renderam frutos e críticas num momento de domínio oligárquico. Ao lado disso, tinha um amor enorme pelo Rio de Janeiro e fazia de tudo para que a cidade se transformasse numa capital europeia, mais importante do que Buenos Aires. Sua determinação estava ligada à ideia da construção do metrô carioca. Se Buenos Aires já tinha metrô, por que não aqui?

Eduardo Rodrigues foi um dos primeiros industriais a perceber a falência da economia do café e também a necessidade de ampliação das alternativas de desenvolvimento para a cidade, especialmente no setor de serviços. A cidade recebeu dele vários incentivos; foi um grande estimulador da criação das empresas de ônibus. Sua atuação foi tão importante que se tornou consultor de empresas estrangeiras e nacionais. Mas seu maior hobby era escrever guias de viagem, e foi através deles que deu ao Rio sua condição de polo turístico nas Américas.

Mais ainda, mesmo viajando por todo o mundo, Eduardo se acostumou a circular pelas ruas da cidade onde nascera, desbravando novos lugares, aprendendo sobre os bairros e idealizando roteiros que conciliassem as maravilhas do lugar. Apaixonado pelo Rio de Janeiro, Eduardo ficava imaginando como seria o dia em que os estrangeiros tivessem mais facilidade para atravessar os oceanos e conhecer a cidade maravilhosa. A cabeça de Eduardo – como a cabeça de seu avô Antônio, que enxergava a beleza no todo, que antevia as coisas quando se punha a olhar a cidade do alto do morro do Castelo – era um emaranhado de mapas, atrações, roteiros e cifrões. O Rio da sua cabeça poderia ser algo muito rentável.

Enquanto os dias de redenção turística não chegavam, Eduardo testemunhou o término da guerra e à volta da paz. Isso, entretanto, não quer dizer que as coisas tenham se alterado. Os conflitos continuavam presentes e, agora, com uma dimensão diferente. Em 1917, ainda em plena guerra, a Rússia ganhava um novo nome e um novo governo. A revolução

No auge da noite carioca: as famosas coristas que animavam o Cassino da Urca. Foto de Carlos Moskovics. Acervo Instituto Moreira Salles

PLANTA DA CIDADE DO RIO DE JANEIRO
COM A INDICAÇÃO DAS
RUAS, PRAÇAS, AVENIDAS, JARDINS, MONUMENTOS E EDIFICIOS PUBLICOS
ORGANISADA PELA
SOCIEDADE ANONYMA DE VIAGENS INTERNACIONAES
(S.A.V.I.)
Rua 15 de Maio 64A RIO DE JANEIRO
ESCALA
OCEANO
ATLANTICO
Lagôa Rodrigo de Freitas
ENSEADA DE BOTAFOGO
CORCOVADO
TIJUCA
QUEIMADO
COCHRANE
ARCHER
DOIS IRMÃOS
SERRA DO ENGENHO NOVO
TELEGRAPHO
SANTOS RODRIGUES
PROVIDENCIA
ILHA DAS COBRAS
ILHA SAPUCAIA
PROJECTO
BAIRRO INDUSTRIAL
BABYLONIA
URCA
PÃO D'ASSUCAR
A B C D E F
I II III IV V VI

tomou conta do país e criou o primeiro estado socialista no mundo. Se, até então, o socialismo e o comunismo eram ideias que movimentavam grupos, agora eram realidade, e isso alterava os padrões de comportamento dos estados capitalistas, em especial, porque a guerra, apregoada como solução para a crise, a tinha, ao contrário, ampliado. As tensões sociais aumentaram, e só a presença americana tornou possível a respiração da Europa, sem, no entanto, resolver os problemas estruturais. Com isso, houve um aumento dos movimentos nacionalistas de cunho fascista, que ultrapassou a Europa, chegando à América e ao Brasil.

Por outro lado, para o Brasil, a possibilidade de industrialização estava aberta através da substituição de importações, e isso vai determinar as tensões políticas entre as oligarquias ainda no poder e as forças renovadoras. Mas antes que essa tensão desembocasse na Revolução de 1930, a cidade do Rio de Janeiro mantinha sua perspectiva de progresso, embora São Paulo iniciasse seu movimento de desenvolvimento e concorrência com a capital. Era preciso que a capital mantivesse seu lugar no âmbito do desenvolvimento brasileiro, mas a relutância de pensar o futuro contaminava as ações do Estado, enquanto a própria cidade percebia a necessidade de mudanças. Os padrões de consumo da cidade haviam aumentado. O crescimento da burocracia do Estado e o desenvolvimento das camadas médias urbanas, que envolviam profissionais liberais e militares (tenentes), exigiam modificações nas formas de inserção na política e na economia. Eduardo foi um dos pontos de apoio dos tenentes, como um homem ambientado no mundo urbano. No Rio, tornou-se um dos mecenas das novidades modernistas.

Os resultados dessa insatisfação não eram apenas observados na capital. Nas grandes cidades brasileiras o cenário era o mesmo, em especial em São Paulo, onde as investidas industriais adquiriam forma e produziam riqueza e, com ela, investimentos na cultura que davam voz a novos intelectuais capazes de ter consciência dos limites do poder das oligarquias e de pensar um Brasil novo. No caso do Rio de Janeiro, essa ansiedade se mostrava na imprensa, que cada vez mais atuava como tribuna política para a sociedade. Já em 1918, João do Rio, Azevedo Amaral e Georgino Avelino haviam criado, na rua do Ouvidor, um jornal que indicava as mudanças: *Rio-Jornal*.

No campo das obras urbanas, a ação de Paulo de Frontin tinha produzido novidades que cada vez mais integravam a cidade, como a abertura da avenida Paulo de Frontin, a construção da avenida Meridional (atual Delfim Moreira), a abertura de ruas no Centro, como a avenida Gomes Freire, a rua Alcindo Guanabara e o prolongamento da avenida Beira Mar, com o nome de Presidente Wilson. Do lado da zona portuária, para facilitar a conexão entre estrada de ferro e porto, em 1919, começaram as perfurações do túnel João Ricardo, inaugurado em 1920, e a construção do cais da Urca.

Mas o ano de 1920 seria decisivo para a cidade-capital. Nesse ano, assumia a prefeitura da cidade Carlos Sampaio, um empresário envolvido com a construção civil que já há muito tempo tinha presença importante nos rumos urbanos da cidade. Havia participado

A planta da cidade do Rio de Janeiro: em 1930 já se diferencia a mancha gráfica da ocupação da Zona Sul no mapa da cidade. Acervo Biblioteca Nacional

dos debates da Comissão de Melhoramentos e de outros projetos como o do próprio túnel João Ricardo, que ligaria a região da Central do Brasil à zona portuária. Antenado com a situação nacional e internacional, o novo prefeito observava com bons olhos a introdução de outra reforma na cidade que a atualizasse de modo que pudesse estar emparelhada com o progresso mundial, incorporando os ditames e partidos que orientavam o mundo, inclusive esteticamente. Era o tempo do avanço do modernismo e do *art déco*.

A iniciativa de uma grande reforma não se concretiza, mas a proximidade do ano de 1922 transformou as ações do novo prefeito num tal reboliço que mais parecia que a cidade estava mudando. No ano de 1922 comemoravam-se os 100 anos da independência do Brasil. As autoridades federais e municipais se uniram no esforço de fazer um espetáculo que tivesse como meta mostrar o Brasil moderno: uma grande exposição internacional no Rio de Janeiro, e os preparativos tomaram a dimensão de uma verdadeira reforma na cidade. Para que a exposição fosse um sucesso, era necessário cuidar de cada detalhe. Onde alojar os convidados e os turistas que viriam à cidade? Como estabelecer locomoção para eles? E os divertimentos? Afinal, a era do cinema chegara. Além disso, havia o ponto central, que era o embelezamento da cidade para que ela pudesse mostrar-se moderna.

Os primeiros resultados já podiam ser vistos desde 1920. Na praça Mauá, porto de recepção dos visitantes, estava em construção o primeiro arranha-céu da América Latina: o edifício A Noite, em 1929. O lugar ficaria marcado na história do país não só pelo ousado projeto arquitetônico, mas por, mais tarde, abrigar os estúdios da Rádio Nacional, núcleo principal da era do rádio no Brasil.

A outra investida importante era arrumar um lugar onde a exposição pudesse ser realizada. As polêmicas em torno do morro do Castelo eram antigas, mas a atenção da Prefeitura estava voltada agora para essa área, e nova polêmica é aberta na imprensa em torno do desmonte do morro. A situação era tão complexa que os velhos argumentos de que o morro retinha os ares marinhos, permitindo as epidemias, voltaram à tona; ocorreu um embate, na imprensa, entre aqueles que eram a favor e os que eram contra o desmonte. A Igreja católica se posicionou contra, argumentando que o morro tinha uma marca histórica de ser o primeiro lugar da cidade e que lá estavam as relíquias da fundação nas igrejas e colégios, no forte e nos ossos de Estácio de Sá. Os contrários argumentavam que a cidade precisava se modernizar, e o morro, com a sua população decrépita e imunda, era um retrato negativo.

O morro vai abaixo – parte de suas rochas vai parar nas muradas da Glória e na mureta da Urca, do outro lado da baía de Guanabara, um dos lugares preferidos da família Rodrigues, quase cem anos depois, quando quer diversão ao ar livre na cidade – e a área conhecida como Esplanada do Castelo estava liberada para a grande exposição de 1922. Interessante notar que, enquanto São Paulo, em 1922, estava comemorando o novo, com a Semana de Arte Moderna, o Rio de Janeiro comemorava o passado.

O morro do Castelo em xeque: à procura de grandes espaços para realizar a exposição do centenário da independência de 1922, a Prefeitura retoma o debate sobre a derrubada do morro do Castelo e encontra o argumento determinante para abrir o caminho de desmonte. Na foto de 1921, de Augusto Malta, o registro do lugar de fundação da cidade.
Acervo Biblioteca Nacional

"C. da Floresta"

A Exposição Internacional se realizou com intenso sucesso. A participação internacional foi o destaque, já que grande parte dos países europeus montou seus estandes. Uma surpresa, visto que havia decorrido poucos anos do final da guerra, mas parecia que a crise do pós-guerra tinha terminado e os novos tempos começavam. Não estava longe, contudo, uma nova crise, não só na dimensão econômica, mas também na política, que redundou nos anos do domínio nazista.

Por aqui, as coisas estavam mudando, e a euforia em torno do novo tomava conta da cidade. No espaço do antigo morro do Castelo novas ruas eram abertas e davam uma nova vida à paisagem. Surgiram a rua México, a avenida Nilo Peçanha, a rua Graça Aranha, a rua Debret, a Heitor de Melo, a Pedro Lessa, a avenida Erasmo Braga, na qual se

Devastado: a área aberta pela derrubada do morro do Castelo, em 1922. Foto de Augusto Malta. *Acervo Instituto Moreira Salles*

localizou a Rádio Roquette Pinto, a avenida Calógeras e foram prolongadas a rua Almirante Barroso e a Araújo Porto Alegre. O Centro da cidade ganhava uma nova configuração e era necessário pensar como esse espaço seria ocupado. Mas as modificações urbanas não aconteciam apenas ali. A construção da avenida Maracanã, o alargamento da avenida Niemeyer, a reconstrução da avenida Atlântica, destruída por mais uma ressaca, a integração da Lagoa à cidade e outras expansões marcavam as mudanças e mostravam como a cidade se tornava cada vez mais moderna.

A culminância dessas mudanças se deu com a associação da Prefeitura à Companhia

A exposição de 1922: um imponente cenário arquitetônico foi criado para a comemoração do centenário da independência do Brasil. Foto de Augusto Malta. Acervo Arquivo Geral da Cidade do Rio de Janeiro

Cinematográfica Brasileira para a construção da Cinelândia. A Prefeitura se encarregou da construção da praça e dos arredores, dando término ao que era o final da avenida Rio Branco, e a companhia ficou encarregada da construção dos prédios que abrigariam os cinemas. O novo espaço, a Broadway brasileira, passou a abrigar os cinemas Odeon, Império, Glória, Pathê e o Capitólio. Também foi construído e inaugurado o Teatro Rival.

A Cinelândia seria o palco perfeito para as apresentações das chanchadas da Atlântida, comédias ligeiras, com números musicais, protagonizadas pelo primeiro time do teatro brasileiro, gente tarimbada na arte de fazer rir. Oscarito e Grande Otelo estavam no topo. A companhia, fundada por Moacir Fenelon e José Carlos Burle em 1941, teria em Pedro Rodrigues um de seus mais entusiasmados patrocinadores.

Pedro era proprietário de uma empresa de importação e exportação que lucrara muito no período da alta do café. Entre os anos 1920 e os anos 1940, independentemente de quem estivesse à frente do governo, Pedro mantinha seu negócio em alta, comercializando

PÁGINA AO LADO *Vista aérea do Rio de Janeiro, da praça Mauá para a Zona Sul, c. 1929. O edifício "A Noite", primeiro arranha-céu do Brasil, destaca-se na imagem, recém-inaugurado. Foto de Augusto Malta.* Acervo Instituto Moreira Salles

No contraplano: a avenida central tomada a partir da Cinelândia, com o Teatro Municipal, cinemas e a praça Floriano em pleno uso, c. 1930. Acervo Biblioteca Nacional

diretamente com importadores americanos. Foi nos Estados Unidos, também, em muitas de suas viagens, que Pedro se apaixonou pelo cinema. A Cinelândia – com seus filmes divertidos, com suas atrizes de pernas compridas e cinturas fininhas, com todo o glamour que cercava as produções, mesmo as mais baratas – era a chance de se jogar de cabeça em sua paixão. E ainda por cima no Brasil!

A exportadora de Pedro ficava localizada na rua do Acre, e, para chegar até a Cinelândia, ele se acostumara a tomar o trem que seguia em direção a Ipanema (aquele que faria a volta no "Bar 20") e saltar em frente ao Palácio Monroe. Muitas vezes, quando o tempo estava firme e fresco, ele caminhava por toda a avenida Central, vendo as modas nos cafés, livrarias e lojas finas da via, até chegar à praça diante do Teatro Municipal. Sua mãe lhe contara que o tio Arthur sonhara com aquela avenida, mas que considerava o preço da remoção dos moradores alto demais para realizá-lo. Quando zanzava à frente dos novos cinemas da praça, Pedro discordava das convicções do tio: para ele, o preço havia sido justo, o sacrifício havia valido a pena.

No auge da Cinelândia, as idas de Pedro aos cinemas da Cinelândia eram cada vez mais frequentes. A programação revezava os grandes sucessos do cinema americano com as novidades produzidas por aqui. Com o tempo, além de espectador, ele travara conhecimento com os produtores dos filmes, muitos deles com escritórios nas imediações, nas ruas Álvaro Alvim, Alcindo Guanabara e Senador Dantas.

Da amizade surgiria uma participação efetiva nas produções. Com pelo menos cinquenta anos de antecedência em relação às

A melhor diversão: a popularização do cinema se concretizou entre os cariocas com a ocupação de vários prédios do Centro da cidade no início do século, em especial na praça Floriano, que passou a ser conhecida pelo apelido de Cinelândia. A foto de Marc Ferrez mostra o início desse processo, com o público frequentando o Cinema Pathé, c.1918.
Acervo Instituto Moreira Salles

Garagem lotada: o aumento de automóveis importados na cidade provocaria conflitos com o tráfego de bondes. Foto de Augusto Malta, em 1937. *Acervo Arquivo Geral da Cidade do Rio de Janeiro*

leis de incentivo à cultura, como a Lei Rouanet, a importadora/exportadora de Pedro inaugurara o investimento no cinema no Brasil. Não que aquilo desse realmente grande lucro, mas era o suficiente para empatar o capital. Mais que tudo, dava chance a Pedro de viver um mundo que não parecia ser seu. Nos natais da família Rodrigues, várias vezes Pedro era obrigado pelos parentes – especialmente Mariana, a filha de seu irmão Eduardo – a contar os bastidores dos filmes que ajudava a produzir (e a levar fotos autografadas dos galãs como Cyll Farney, claro).

As vias urbanas exigiram mudanças no que até então era o domínio dos bondes. As avenidas e ruas se enchiam de carros importados dos Estados Unidos, e o crescimento da cidade era, de certo modo, dificultado pela rigidez dos bondes. Com o novo tempo, a velocidade vira a referência, e os antigos meios de locomoção foram se tornando obstáculos. Os acidentes se multiplicavam, e os tempos do romantismo e da gentil hora do bonde foram acabando.

Os anos 1920 foram frenéticos. Com a canalização dos rios da Tijuca para evitar as enchentes e garantir o abastecimento, veio a renovação nos arredores do antigo Andaraí Grande, e a demolição da Cadeia Velha deu lugar ao palácio Tiradentes, ainda em 1922. Uma das primeiras medidas tomadas para aumentar a segurança dos bondes foi a

508

obrigatoriedade da Light substituir os bondes abertos por fechados, em 1925. A nova ordem representaria também uma mudança radical nos hábitos de transportes do carioca que, no entanto, não abriria mão de viajar sobre os estribos, dando um drible nos cobradores para, numa ação que viraria expressão popular, "pegar o bonde andando".

Ainda nesse ano, o estado iniciava a divisão de lotes na antiga chácara das Catacumbas, na Lagoa, abrindo espaço para a urbanização da região. Evidente que o estado não contava que, na década de 1930, nos rearranjos habitacionais da cidade, a área fosse se transformar numa favela.

A expansão na direção da área norte da cidade ganhou uma nova dimensão com a construção do prédio da Estação Central da Leopoldina, inaugurado em 6 de novembro de 1926, projeto do arquiteto inglês Robert Prentice. A necessidade de novos meios de locomoção tomou corpo já em 1926, quando a cidade passou a dispor de ônibus. Para que eles pudessem circular havia algumas exigências, como janelas de boa ventilação, dois acessos – entrada e saída –, assentos para duas pessoas e, no mínimo, vinte lugares.

O período de 1926 a 1930, embora continuasse a ser frenético, apresentou um clima confuso. A cidade, em geral, manteve-se na direção da renovação, mas com mais lentidão. A crise geral da Europa já começava a se manifestar, e a possibilidade de mudanças era anunciada no Brasil pela crise política, gerada pela divisão nas antigas oligarquias do café, diante das modificações no cenário internacional. O prefeito do período, Prado Júnior, era um empresário paulista e não possuía experiência na administração de cidades, o cargo de chefia que diziam que ele havia tido era o de presidente do Clube Paulistano, na cidade de São Paulo. O que ocorreu de importante na sua administração foi resultado do período anterior, como a construção da praça Paris e a inauguração do Palácio Tiradentes.

Talvez a única grande contribuição de Prado Junior ao Rio de Janeiro tenha sido, quiçá inconscientemente, Alfredo Agache. As pressões em torno da região da esplanada do Castelo eram muito fortes. Afinal, a área que havia sido criada com a derrubada do morro do Castelo merecia um projeto que mantivesse o viés de crescimento moderno da cidade.

As conferências realizadas por Alfred Agache chamaram a atenção pela competência e por certa direção conservadora que advinham da sua formação, na qual o peso das belas artes era significativo, em especial, naquele momento em que o mundo assistia a modificações importantes no cenário da arquitetura, com a Bauhaus e a renovação modernista de Le Corbusier.

O momento era decisivo para a cidade. Todos os esforços deveriam ser feitos para que um novo plano urbano garantisse a modernização da cidade. Os acidentes com os bondes se tornaram tão frequentes que soluções radicais foram tomadas, mesmo que por pouco tempo. Um acidente no dia 6 de abril de 1927, com o jornalista José Machado, do *Jornal do Brasil*, na rua Senador Eusébio, quando caiu do bonde no momento em que, no estribo, tirava dinheiro para pagar, foi decisivo. O prefeito Prado Júnior decidiu suprimir o tráfego de bondes na cidade para organizar o chamado "transporte rápido" (uma espécie de metrô de superfície), mas acabou pressionado e revogou a proibição. Nesse mesmo ano, a

Somavam-se à crescente importação dos veículos motorizados, os frequentes acidentes de bonde, argumento final para a suspensão da circulação dos bondes na cidade. Museu da Imagem e do Som / Col. Jurandyr Noronha

cidade recebeu os ônibus de dois e de três eixos, estes últimos de dois andares, e criou-se a Viação Excelsior, numa associação entre a Light e a Prefeitura, marcando um novo momento para a cidade. Iniciava-se uma nova época: ônibus e automóveis tomariam, a partir daí, a cidade, dividindo-a com os bondes.

Todos esses acontecimentos reforçavam a necessidade de uma nova intervenção urbana. A Reforma Passos havia ficado velha muito rapidamente e não haviam sido definidos novos controles para a expansão da cidade. A presença de Agache mexeu com a cidade e deu chance de que, pela primeira vez, houvesse uma discussão em torno dos rumos do progresso. As novas tendências arquitetônicas modernistas passaram a ser recepcionadas e entraram em debate. Ao lado daqueles que defendiam a perspectiva de Agache, surgiam os arquitetos modernistas da nova geração, capitaneados por Lucio Costa.

Numa cidade que se modernizava, o contato com o mundo precisava de rapidez, e o ano de 1928 marcou esse novo modo de contato com o exterior. Iniciava-se a aviação comercial no Brasil, e os hidroaviões enchiam os céus da baía de Guanabara através do Sindicato Condor, que trouxe para a cidade os pesados Dornier que pousavam na ilha das Enxadas e no Caju. Mas esse crescimento frenético convivia com situações quase ridículas. Ao lado de 19 empresas licenciadas para o serviço de ônibus que transportavam cerca de 88 milhões de passageiros por ano, tínhamos ainda os bondes puxados a burros. A novidade do ano de 1928 foi a completa supressão dos bondes puxados por tração animal.

Eduardo seria um dos primeiros a viajar nesse novo tipo de transporte e um daqueles que, pela primeira vez, viu a cidade do alto. Sua alma cantava. A emoção de Eduardo foi única, deslumbrou-se com a cidade maravilhosa. O entusiasmo de Eduardo levou-o a participar ativamente dos preparativos da Revolução de 1930, e sua participação nos primeiros tempos da nova era foi decisiva para a incorporação da questão da industrialização no Brasil.

Mas nem tudo eram flores. A crise de 1929 tomou conta do mundo. A primeira crise econômica internacional provocou uma reviravolta mundial. As consequências dos planos pós-Primeira Guerra Mundial chegaram e, com elas, a pobreza e o nacionalismo. A crise da política liberal afetava o mundo e propiciava o estabelecimento de manifestações mais conservadoras, que tinham no futurismo sua expressão mais marcante. Por todo o mundo, a tensão aumentava, e até as medidas tomadas nos Estados Unidos na forma do New Deal eram chamadas de socialistas. A maior presença do Estado nos vários setores da economia e da vida social eram sinais de um novo tempo.

No Brasil, a crise determinou a falência da política do café com leite, das oligarquias paulista e mineira, e a vitória dos interesses liberais voltados para a modernização e a industrialização, já que o café perdeu sua condição de instrumento de desenvolvimento. O processo de industrialização via substituições de importações ganhava forma e mobilizou os setores médios urbanos, que receberam com entusiasmo as mudanças produzidas pela Revolução de 1930.

A cidade capital – Rio de Janeiro – recebia esses novos tempos e, com eles, novidades. Os gaúchos vencedores, com Getúlio Vargas à frente, prenderam as rédeas de

PÁGINA AO LADO
Bonde fantasiado: carnaval, c.1960.
Acervo George Ermakoff

SE O COBRADOR FOR VIGARISTA...

O bonde deixou saudade. Gente da terceira idade (e até mais!) ainda se lembra das músicas nascidas nos trajetos percorridos e das propagandas estampadas no interior do veículo. Nasceram ali, da capacidade de invenção do carioca, verdadeiros *jingles* que marcariam o imaginário do passageiro comum através dos tempos: “Din din din din, dois pra Light e um pra mim” (Light era a concessionária do serviço), era o que cantavam os passageiros “comentando” as atividades do cobrador.

Mais tarde, versões da “Marcha do remador” (ou, no popular, “Se a canoa não virar”), sucesso do carnaval de 1964, atualizariam, com bem mais escracho, a crônica urbana da cidade, colocando em cena, também, a figura do motorista.

Vista aérea do Leblon na fase inicial da sua ocupação. Ao fundo da imagem, o traçado do canal, levando em direção à Gávea e descendo rumo à Lagoa Rodrigo de Freitas, c. 1930. Foto de H.S. Holland.
Acervo Biblioteca Nacional

seus cavalos no obelisco, localizado no final da avenida Rio Branco, na confluência com a avenida Beira Mar. Os tempos das oligarquias ficaram para trás, e as novas demandas das cidades passaram a ocupar os espaços da política. Os setores médios solicitavam mudanças, a classe operária via o momento como importante para o seu desenvolvimento a partir da formação, na década anterior, de partidos políticos novos. Essa efervescência destacava novas e antigas formas. Os católicos se reorganizavam e, com isso, acionavam novos projetos para a cidade, como a construção da estátua do Cristo Redentor no alto do morro do Corcovado numa cidade regida por uma Constituição que separava o Estado da Igreja. Essa conquista dos católicos criou uma enorme discussão com as outras tendências religiosas e representou a força dos setores conservadores num processo de modernização.

O clima político permaneceu tenso durante os primeiros anos da década de 1930. A revolução paulista de 1932 e a intentona comunista de 1935 são alguns exemplos. Essa situação acabou por desembocar no Estado Novo, a forma de intervenção estatal brasileira que se encaixava no que ocorria no mundo.

No período anterior ao Estado Novo encontramos alguns eventos importantes na cidade que, de certo modo, mostravam como a preocupação com a modernização avançava. A eletrificação da estrada de ferro Central do Brasil, em 1935, e a inauguração do aeroporto Santos Dumont, em 1936, foram dois marcos importantes da permanência do espírito de renovação da cidade. Ao lado deles, a pavimentação do trecho Gávea-Leblon mostrava como a cidade mantinha sua expansão.

Com o Estado Novo, as coisas se modificaram, embora a ideia de modernização da cidade tivesse permanecido. Um decreto de 1937 indicava bem os novos tempos. Esse decreto proibia que as favelas constassem dos mapas da cidade e mostrava o novo sentido do moderno. A cidade passou a ser dividida em Zona Norte e Zona Sul, no sentido das políticas diferenciadas produzidas pelo Estado Novo. Isso significou que a área sul da cidade deveria ser ocupada pelos setores médios e altos da sociedade, enquanto a área norte, pelos setores populares. Com isso, várias fábricas que tinham suas sedes em bairros da área sul foram transferidas. É o caso, em 1937, da Fiação e Tecelagem Aliança, nas Laranjeiras, para abertura da rua General Glicério, e da Fábrica Corcovado, no Jardim Botânico, que tornou possível a formação das ruas Benjamin Batista, Nina Rodrigues, Abade Ramos, Conde Afonso Celso e Senador Simonsen. A fábrica se transferiu para a rua Barão de Mesquita.

A ideia de um novo plano urbano foi retomada em 1938, e o arquiteto Alfred Agache foi o escolhido para criar e realizar esse plano. Para compreendermos melhor o Plano Agache, é fundamental que o observemos sob a perspectiva de um plano diretor. Mas o que é um plano diretor? A Reforma Passos pode ser pensada como um plano diretor?

Considerar o Plano Agache como plano diretor significa concebê-lo como uma intervenção racional sobre a cidade a partir de determinados princípios e valores que caracterizam as relações urbanas. Definição um tanto geral, mas que, no fundo, quer dizer uma intervenção que não seja localizada, que pense a cidade na sua dimensão estrutural.

Na história da cidade do Rio de Janeiro esses princípios e valores já haviam feito parte das diretrizes da Reforma Passos, embora os elementos norteadores daquela reforma tivessem como base as intervenções realizadas desde o final do século XIX, quando da organização das reformas implantadas pela Comissão de Melhoramentos, da qual Pereira Passos fez parte.

Também essa base acumulada da Comissão de Melhoramentos e da Reforma Passos esteve presente no Plano Agache. Grande parte do sucesso de Agache deveu-se a essas intervenções anteriores, que prepararam terreno para as novas intervenções.

O Plano Agache, entretanto, possui diretrizes distintas daquelas que até então motivaram as alterações espaciais. Ele define a estratégia de entrada da cidade na estética modernista, que tem como perspectiva o *art déco*.

Isso, no entanto, não significa que a aceitação do novo plano tivesse conquistado unanimidade. Pensado a partir das modificações experimentadas no início da década de 1920, o plano tem, em primeiro lugar, a tensão do debate modernista, que tinha como base a possibilidade de escolha entre Agache e Le Corbusier. Em segundo lugar, as pressões do Clube de Engenharia, que considerava um absurdo a escolha de engenheiros estrangeiros

CHEGADA

para a reforma da cidade. Por último, havia, no plano político, a quebra da unidade do pacto oligárquico que havia sustentado a política nacional na Primeira República.

Ainda havia duas outras diretrizes importantes: adequar a cidade aos novos tempos no plano da utilização do espaço cada vez mais valorizado das cidades e também acomodá-la às novas dimensões do movimento social, aos novos atores que entram em cena: o proletariado e a camada média.

Numa cidade como o Rio de Janeiro, essas adequações eram fundamentais, já que a cultura das ruas aumentava a condição política de qualquer ato ou acontecimento público. Estava na época de tratar o movimento social como um caso de política e não mais de polícia.

Um plano diretor serviria para distribuir essas tensões por vários lugares da cidade, esvaziando a concentração no Centro. Além disso, permitiria definir com clareza os interesses de cada categoria social no espaço da cidade. Essa fragmentação da cidade é a diretriz que impulsiona o avanço do capital imobiliário e redunda na ocupação da orla sul, passando a cristalizar-se o processo de diferenciação entre Zona Sul e Zona Norte.

Por outro lado, alguns bairros vão deixando as suas características aristocráticas para receber as novas instalações fabris, como Tijuca e Vila Isabel. Do mesmo modo, na esteira dos avanços dos setores médios configuram-se os bairros da Tijuca, das Laranjeiras, do Flamengo, de Botafogo, do Méier e, mais adiante, do Grajaú. Copacabana, Ipanema, Leblon, assim como a Gávea, complementam esse avanço dos setores médios, também presentes nas adjacências do Méier, especialmente do lado esquerdo da linha férrea.

Esse avanço resulta do aumento da burocracia do Estado e da expansão dos serviços na cidade capital, no seu processo de apresentar-se como espaço modernizado e cosmopolita. A presença dos setores médios desencadeará um movimento de renovação das ideias que abriu caminho para a recepção de novos modos de vida, inspirados nos costumes norte-americanos, e que se complementa com o movimento tenentista e o alargamento das ideias de esquerda provenientes do Partido Comunista Brasileiro e das organizações anarquistas.

A Revolução de 1930 consolida essas renovações, abrindo espaço para a hegemonia do capital financeiro internacional. A cidade, que já possuía, no início do século XX, quinhentos mil habitantes, requer mudanças para se adequar a essa nova conjuntura. Mas o que era o desenho da cidade no começo dos anos 1920?

A Reforma Passos havia rasgado a cidade e indicado as linhas de força de seu desenvolvimento. A avenida Central, depois avenida Rio Branco, foi a primeira diagonal que ligou duas radiais: a avenida Beira Mar, na direção da Zona Sul, e a avenida Rodrigues Alves, em direção à Zona Norte. O novo eixo reforçava o movimento de valorização das exportações, notado em todo o país, e que tinha o porto da cidade como principal porta de saída de mercadorias.

As mudanças mais importantes, no entanto, ocorreram na década de 1920, quando da administração de Carlos Sampaio, embora boa parte delas tenha resultado muito mais da evolução da conjuntura do que da ação específica do prefeito. Carlos Sampaio era um engenheiro envolvido com a expansão

A "corrida das baratinhas", que acontecia na avenida Niemeyer, parte do circuito Gávea. Na foto, a linha de chegada no campeonato de 1937.
Acervo Arquivo Nacional

imobiliária e que já havia participado da Comissão de Melhoramentos em 1870, ajudando na fixação das diretrizes urbanas. A partir dessa inserção nas intervenções urbanas, Carlos Sampaio se tornou um homem ativo na reflexão sobre as mudanças do Rio de Janeiro.

Voltado para o crescimento imobiliário da cidade, Carlos Sampaio participou da ação mais discutida e necessária para o desenvolvimento do Plano Agache: a demolição do morro do Castelo. A polêmica em torno da demolição colocou, de um lado, aqueles que defendiam o arrasamento dos morros da cidade como condição de melhora da sua salubridade, uma vez que a demolição dos morros de Santo Antônio e do Senado permitiriam a entrada do ar marinho e a construção de uma nova linha de circulação, a futura avenida Chile. De outro, estavam aqueles que defendiam as tradições históricas da cidade e que viam no morro do Castelo o elemento de memória da fundação da cidade.

Eduardo – que ouvira da mãe as histórias do avô Antônio, que circulava no morro do Castelo como se fosse o quintal de sua casa – era contra a demolição, embora reconhecesse a necessidade de expansão da cidade. Na cabeça dele, a cidade teria que se abrir naturalmente, não só para poder se desenvolver como metrópole, mas também para descortinar belezas escondidas. Tudo bem que ele não visse necessidade em desmontar um morro inteiro – uma das elevações que faziam parte de um conjunto tão característico da geografia carioca –, mas sabia que o "bonde da modernidade" seguiria por um caminho sem volta.

Atravessou essa polêmica uma outra que foi a definição do conjunto de atos que culminariam nas comemorações dos 100 anos da Independência do Brasil na capital federal. A derrubada do morro do Castelo criou um espaço novo e necessário para a realização desse grande evento, além de liberar uma grande área para a especulação imobiliária. A terra resultante da derrubada do morro do Castelo aterrou uma área de enormes proporções na baía de Guanabara, entre a praia de Santa Luzia e a praia do Russel, onde seriam construídos os grandes pavilhões da Exposição Internacional do Primeiro Centenário da Independência.

As comemorações da Independência mostraram, com clareza, a direção conservadora que orientava a política nacional, que olhava, nesse momento, para trás, celebrando a festa da autonomia como registro do aniversário de uma nação fragmentada e dividida, enquanto em São Paulo, capital do pacto oligárquico, ocorriam os eventos da Semana de Arte Moderna, que propunham uma "entidade brasileira" que buscasse o rumo de sua singularidade sem perder a sua condição cosmopolita e desvinculada da doença do nacionalismo.

Os traços estéticos dos dois eventos já indicavam a possível escolha diante da necessidade de alteração do espaço da capital no momento de discussão das diretrizes das mudanças urbanas: havia a possibilidade de escolher entre a ousadia e a radicalidade modernista de Le Corbusier ou a opção por Agache, nos limites de um modernismo bem comportado que valorizava o espaço urbano como capital e mercadoria através do processo de verticalização, utilizando a novidade do "arranha-céu".

A escolha recaiu sobre Agache. Le Corbusier recebeu apenas uma presença ínfima, mas contrastante, que foi a construção do prédio que serviria ao Ministério da Educação e Saúde, hoje Palácio Gustavo Capanema. Outro dado importante que ajuda a compreender a escolha de Alfred Agache é a presença na Prefeitura de um homem da política paulista que não conhecia a história da cidade do Rio de Janeiro.

Antônio Prado Júnior, típico representante das oligarquias paulistas, geria uma cidade de 1.158.000 habitantes em 1920 e que, dez anos depois, teria 2.380.000, aumento demográfico proveniente da expansão dos serviços, atendendo às demandas externas e internas, e das migrações rurais.

Essa experiência paradoxal na Prefeitura decorreu da ausência de eleições para o cargo de prefeito, alçado ao posto por indicação direta do presidente da República. A exclusão da cena eleitoral dos novos atores sociais, especialmente as camadas médias, acelera suas reivindicações, através da vanguarda tenentista. Pela posição que ocupavam, de abertura para informações técnicas e intelectuais de renovação, esses atores conseguiram formular uma agenda de modernização que pressionou a dominação oligárquica, expondo os limites da sua representação nacional e os obstáculos que haviam criado para o desenvolvimento brasileiro.

Rebeliões militares e manifestações populares começam a ocorrer e são violentamente reprimidas por falta de alternativas do governo federal. Essa forma de ver a política se reflete na discussão do plano de mudanças da cidade e consolida determinadas direções que vão da definição da cidade renovada como cidade de função, que atenderia à dinâmica dos interesses dominantes, fechando-se para as novidades, até a desconsideração absoluta do movimento da população, desprezando a sociedade em sua relação com a cidade.

A novidade incorporada à perspectiva oligárquica é a atenção que esses setores tradicionais começam a dar à atividade industrial. Essa aliança envolvia a adequação da capital a esse cenário alternativo e era a única saída para a crise de representação que se anunciava.

O modernista Le Corbusier visita o Rio de Janeiro, acompanhado de Monteiro de Carvalho. Ao fundo, o Corcovado, s/d. Acervo Fundação Le Corbusier

O francês Alfred Agache com seu plano urbanístico para a cidade do Rio de Janeiro, s/d.

A criação de espaços para as indústrias requeria uma renovação infraestrutural na cidade, abrangendo o sistema viário e o saneamento, acrescida de uma renovação estética para se adequar às exigências internacionais e tentar, mais uma vez, fazer dessa reforma o renascer da nação.

O capital para a renovação era decorrente dos investimentos das oligarquias e das alianças com o capital internacional. Essa combinação favorece investimentos nos serviços públicos e na preparação da cidade para atender a essas novas conjunturas, pois estamos ainda longe da crise de 1929 e nos beneficiando do *boom* americano posterior à Primeira Guerra Mundial.

O objetivo da remodelação era, então, desenvolver a infraestrutura e o embelezamento do Centro da cidade como condição de ampliar a recepção dos capitais externos, excluindo desse plano as camadas populares, um dos novos atores, e desenvolvendo perspectivas que pudessem, a médio prazo, fazer com que os setores médios, incorporados à remodelação, passassem a apoiar as políticas do Estado.

Com esse apoio, haveria o reestabelecimento da ordem, isolando os interesses populares. A reequipagem da cidade, a melhora dos serviços e a ampliação do consumo e do lazer funcionaram como esfriamento da capacidade de mobilização das camadas médias, intelectualmente mais avançadas e que dominavam os meios de informação. Como se sabe, o resultado não foi positivo, mas estabeleceu e consolidou experiências novas na cidade.

Como consequência dessa conjuntura, Antônio Prado Júnior resolve contratar um urbanista francês de renome internacional que reunia as qualidades capazes de unir o modelo de cidade europeia com a renovação política que estava sendo encaminhada, abrindo espaço para a burguesia urbana, ainda fascinada pela estética francesa.

Alfred Agache se encarrega, então, do segundo plano diretor da cidade, entre 1926 e 1930. O plano, por conta de interesses tão diferentes, enfatizava a remodelação, pensada enquanto adequação racional e funcional aos interesses do capital financeiro, e o embelezamento, como mecanismo de revitalização da força da nação e do desenvolvimento do sentimento nacional que aumentaria a legitimidade do Estado.

A base do Plano Agache era a renovação da dimensão físico-territorial e não a preparação da cidade para o desenvolvimento. Era uma intervenção pontual que deveria ter como objeto o Centro da cidade, lugar por excelência das negociações financeiras.

Assim, as linhas delimitadoras do campo de ação do plano já estavam dadas. Para Agache, o fundamento da remodelação era a realocação de valores a partir do melhoramento das edificações, da ordenação dos arruamentos e da circulação com o aceleramento do movimento sem congestionamento.

O aspecto visual era relevante para Agache, o que mostra a sua herança de homem formado na *École de Beaux-Arts* de Paris, representado pela ênfase na combinação entre monumentalidade e academicismo.

Entretanto, no plano do Rio de Janeiro percebe-se aquilo que fica mais expressivo na atuação de Agache em Curitiba, que é a adequação do academicismo à funcionalidade e à objetividade modernistas. Essa faceta renovadora faz com que se observe uma aproximação de Agache com o urbanismo americano da Escola de Chicago, que produzirá a construção dos arranha-céus e reforçará como base da remodelação o Centro da cidade, aproximando-o do modelo da *City Beautiful*, o movimento de renovação urbana que surge a partir de 1890 nos Estados Unidos da América.

Essa combinação permitiu que o plano incorporasse alguns partidos do modernismo racionalista, como as preocupações com saneamento – serviços públicos básicos, circulação, transportes –; e definição das funções do espaço urbano, reforçado pela presença de grandes parques públicos.

Esses conjuntos de diretrizes funcionaram como aceleradores da eficiência e da eficácia do plano de remodelação. Entretanto, por mais abertura que Agache tivesse para as novidades modernistas, sua concepção de cidade ainda é, fortemente, a de um organismo vivo – metáfora da própria vida humana – cujo funcionamento seria representado pelo metabolismo corporal humano.

Assim, as praças, as avenidas e os jardins seriam os pulmões da cidade, o seu sistema aeróbico. As ruas fariam parte do sistema circulatório e teriam como função levar a vida até o coração da cidade: o Centro. Por fim, o aparelho digestivo seriam os esgotos. Esse mecanismo estrutural-funcionalista deveria ter como base o bom funcionamento de cada parte que compõe o sistema geral, realizando o objetivo da harmonia entre as partes e o todo. A anomia ou disfuncionalidade do sistema geraria "doenças" na cidade.

Como a cidade apresentava já uma ocupação de suas áreas elevadas, Agache fez referência às favelas, considerando-as cidades-satélites de formação espontânea, formadas por uma população variável e avessa à higiene, cuja solução seria a construção de casas populares, capazes de civilizar essas localidades.

O ordenamento da cidade teria como pressuposto a combinação entre legislação urbana e zoneamento, ou seja, a atribuição de funções especializadas ao espaço com o objetivo de alterar a cultura urbana através de mudanças nas relações sociais, fazendo da cidade um agente de transformações de hábitos e de costumes, construindo a cidade moderna.

Com essa naturalização, a cidade e sua vida girariam em torno da sua função político-administrativa, como capital, e da função econômica, como porto e mercado. Essa combinação de funções de base exigiria certos acertos: definir funções especializadas para os espaços tradicionalmente ocupados, garantindo, com o zoneamento, sua funcionalidade; bordar as vias de circulação para estabelecer uma conexão básica entre as zonas e o Centro; reformular a política de habitação, atendendo às demandas das variações de hábitos e de costumes da heterogeneidade da população urbana; definir a legislação urbana, regulamentando as edificações e construindo uma política de construção e de ocupação.

O que ficou do Plano Agache? Talvez a imagem mais significativa do plano tenha sido a esplanada do Castelo e o bairro das Embaixadas. Isso porque ali se encontram os exemplos mais importantes da estética de Agache, com a combinação entre academicismo, monumentalidade e funcionalidade. Nesse perímetro da esplanada, que vai da rua São José até o aterro do Flamengo, há uma perfeita conexão entre Agache e a arquitetura *art déco* através da dinâmica de mudanças que se operaram na Cinelândia e no Passeio Público, por conta dos investimentos de Francisco Serrador no trecho final da avenida Rio Branco.

"Chopp duplo": modelos de auto-ônibus de dois andares ocuparam as ruas da cidade, fazendo dos bondes um tipo de transporte coletivo cada vez mais obsoleto. Acervo Light

A Cinelândia e o Passeio Público, somados à praça Paris, engendram uma nova cidade que tem como direção de expansão a Zona Sul, pois se acopla muito bem às novas fachadas dos bairros de Flamengo e Botafogo, dando ao Catete uma moldura modernista.

Ao mesmo tempo, as soluções de construção de Agache vão ganhando expressão na funcionalidade dos prédios e nas suas inter-relações com as construções mais antigas. Mas há ainda outro aspecto a realçar no que concerne ao Plano Agache. Com a construção da esplanada do Castelo, as novas ruas que cortam a avenida Rio Branco acabaram por renovar a obra de Pereira Passos, dividindo-a em mais partes do que aquelas duas que representavam a tensão entre Pereira Passos e Lauro Muller. A remodelação de Agache, concentrada no Centro e aberta para a Zona Sul, confirmou o que já funcionava como vivência das diferenças no cotidiano carioca. A avenida 13 de Maio, o Tabuleiro da Baiana e o largo da Carioca articulavam o sistema de circulação para a Zona Sul; enquanto a praça Tiradentes e o largo de São Francisco faziam o mesmo para a Zona Norte. Antes mesmo da avenida Presidente Vargas, a Rio Branco já estava dividida entre Sul e Norte.

A dimensão popular das diversões da praça Tiradentes contrastava com o refinamento dos cinemas da Cinelândia. Esse é o momento inaugural da cidade partida, mostrando como o Plano Agache, independente de Alfred Agache, projetou a cidade burguesa, dando a ela um centro diferenciado: a Cinelândia, a Broadway brasileira. E com ele o teatro e o cinema no estilo norte-americano. O *frisson* do carnaval na Cinelândia mostrava a diferença do carnaval mais popular da praça Tiradentes e adjacências.

Um novo Rio de Janeiro despontava, animado com a perspectiva cosmopolita e aristocrática, e Copacabana se insinuava em direção a sua marca de Princesinha do Mar. A construção do hotel Copacabana Palace encheu de alegria os cariocas. Copacabana mostrava a sua vocação de balneário, e a natureza da cidade dava os primeiros passos em direção a sua consolidação como principal marca da cidade.

Para quem viveu essa época, é bom recordar que, até a década de 1960, o baile de carnaval oficial da cidade acontecia no Teatro Municipal, no mesmo palco dos grandes concertos e óperas. Ali, com as cadeiras da plateia cobertas por tapumes de madeira e os camarotes transformados em cenário de samba, recebíamos os grandes astros do cinema e fazíamos os grandes concursos de fantasias de luxo.

Em 1927, o Rio de Janeiro recebe os ônibus de dois eixos, bem como veículos de três eixos e dois andares. Cria-se, neste ano, a Viação Excelsior, numa atuação conjunta da Light com a Prefeitura. Também tem início a aviação comercial, com a Varig. O Sindicato Condor trouxe para o Brasil os pesados Dornier, que pousavam na ilha das Enxadas e no Caju.

Havia, no Rio de Janeiro, 19 empresas licenciadas para o serviço de ônibus, transportando cerca de 88 milhões de passageiros por ano. Circulou, neste ano, o último bonde puxado por burros.

Mas esse delírio não durou muito na década de 1920. Veio a crise de 1929 e, a seguir, a Revolução de 1930. A cidade entristeceu. A seriedade política do momento retardou um pouco o frisson da festa modernista. A moralidade associada à revolução tornou-se um obstáculo para o desenvolvimento da vida mundana. Era preciso moralizar para que o Brasil tomasse o rumo do desenvolvimento, e essa moralidade conflitava com a natureza tropical que adornava a cidade.

Getúlio Vargas trouxe com ele essa nova etapa da história da cidade. Aproveitando a monumentalidade do Plano Agache e o embelezamento do Centro e da Zona Sul, o novo governante provisório não precisou de um novo plano urbanístico. A novidade, porém, foi que Vargas incorporou à cidade parte dos segmentos populares excluídos anteriormente, num sinal claro de moralidade e de definição da capital como símbolo de uma nova era de trabalho e indústria.

A inclusão desses segmentos foi realizada através de políticas sociais corporativas, evitando que o movimento social e a esquerda assumissem o controle das ruas. Para isso, Vargas usa toda a capacidade repressiva do Estado, assim como a dimensão do nacionalismo populista.

Mas Vargas expandiu a cidade em direção à baixada da Guanabara, abrindo a ocupação de uma nova avenida que, com certeza, só poderia ter o nome de Brasil. Aproximou, em 1946, a cidade-capital do seu entorno, aumentando a sua centralidade e capitalidade, ampliando a oferta de postos de trabalho na economia e na burocracia do Estado. As camadas médias também foram contempladas, assumindo um papel de relevo e usufruindo da política de educação, que valorizou as escolas normais e, com elas, os professores.

Por outro lado, animou a cidade e o país com a valorização do calendário heroico da história do Brasil e com a política de capacitação física, engendrada pela renovação educacional associada aos esportes, e com comemorações que foram do dia da raça até o aniversário do presidente, transformando o estádio do Vasco da Gama, em São Januário, no centro febril da mobilização popular.

Também se fazia necessário que a cidade assumisse, através da arquitetura, a materialidade desse novo tempo. A avenida Antônio Carlos será aquela que reproduzirá esse novo momento, com as edificações monumentais dos prédios dos ministérios da Fazenda e do Trabalho.

Sem ter um plano urbanístico, Getúlio deu forma à cidade, apresentando-a como era, partida. Sua política social produziu uma feição nova para a cidade que se concretizaria no seu segundo governo, mas que estava marcada pela separação entre Zona Norte e Sul. Os sindicatos e os institutos ocuparam as franjas da cidade, mobilizando capital e trabalho. O regimento de intervenção produziu mudanças e alterou as paisagens da cidade, às vezes de forma paradoxal, como foi o exemplo dos parques proletários na Gávea e a ocupação do Jardim de Alá pelo Sindicato dos Jornalistas.

Essas mudanças merecem atenção porque afetaram a Zona Sul. Espaço por excelência da demonstração do progresso cosmopolita, essa região ficou em compasso de espera diante da inversão de valores patrocinada pela política de Vargas. O ideal de trabalho e de trabalhador como expressão do novo tempo confrontava-se com o delírio pequeno-burguês da Zona Sul, e o vencedor, naquele momento, foi o trabalho. Digamos que a vitória foi apenas uma batalha vencida numa guerra perdida.

Entretanto, os efeitos apareceram e modificaram a correlação de forças na sociedade carioca. Os pequenos proprietários e os trabalhadores industriais se sentiram poderosos e tomaram conta da cidade. Nesse período, a integração é Centro-Zona Norte. A Zona Sul teve um desenvolvimento à parte, concentrado na dimensão do turismo, e se transformava em reduto de uma burguesia heterogênea, dividida entre empresários empreendedores, vinculados ao capital internacional e voltados para o setor de serviços, e burgueses aristocratas que se ligaram à burocracia do Estado e viviam do agenciamento de propinas para a realização de obras e outras atividades públicas. Ambos os segmentos, no entanto, miravam como futuro o conforto de uma sociedade de consumo *a la americana*. Essa realidade só se modificaria após a Segunda Guerra Mundial, com o processo de vulgarização de Copacabana.

Com a urbanização da esplanada do Castelo houve uma modificação importante na centralidade da cidade. O centro político saiu da praça XV e se organizou na esplanada do Castelo, abrindo caminho para a urbanização da cidade por meio do partido da *art déco*. As fachadas da praia do Flamengo, do morro da Viúva, da praia de Botafogo e de Copacabana são exemplares característicos desse novo momento da cidade. Esse crescimento, entretanto, teve consequências. Em 1942, a área sul da cidade possuía cerca de dez favelas (em 1950, seriam 25) e, em 1948, o censo registrava que as favelas, especialmente as dos subúrbios, abrigavam cerca de 138.837 pessoas, principalmente migrantes vindos dos estados do nordeste, de Minas Gerais, do Espírito Santo e também de outras cidades do Rio de Janeiro.

As secas que afetavam a área nordeste do Brasil contribuem muito para o crescimento da população da cidade do Rio de Janeiro. O êxodo rural produzia um aumento significativo das áreas mais próximas dos lugares onde havia o desembarque dos caminhões de retirantes, especialmente na região do bairro de São Cristóvão, onde houve uma grande concentração de retirantes que deram origem à tradicional Feira de São Cristóvão e à ocupação das regiões de mangues da baía de Guanabara, como o complexo da Maré.

A marca principal das mudanças urbanas no Estado Novo era o moralismo urbano, que envolvia a associação às mudanças urbanas de valores morais conservadores que, por exemplo, fizeram do jogo do bicho contravenção, e, em 1940, essa atividade foi registrada no Código Penal. Mas os fenômenos externos continuam atuando como produtores de novas realidades.

Esse crescimento das áreas norte da cidade requisitava mudanças na circulação. As dificuldades de mobilidade levaram à construção da avenida Presidente Vargas. Com a derrubada de cerca de sessenta árvores no Campo de Santana (algumas delas devem ter doído na alma de Seu Antônio, onde quer que ele estivesse àquela época) e a demolição de cerca de 525 prédios, entre igrejas centenárias, como a de São Pedro, na praça Onze. Nessa região, o samba e as atividades religiosas de origem africana davam à área a denominação de Pequena África. A presença de Tia

Getúlio Vargas diante da maquete da avenida que levaria seu nome, em 1944. Acervo Arquivo Nacional

Anos dourados: pérgola e piscina do Hotel Copacabana Palace constituíram um dos principais cenários festivos da elite carioca nos anos 1950. Na foto de José Medeiros, o universo reservado do hotel é cercado pelo movimento dos banhistas na praia e pelo trânsito na avenida Atlântica, ainda antes da sua duplicação, em 1949.
Acervo Instituto Moreira Salles

Ciata na praça Onze dava o tom da região, tradicional reduto dos setores populares da cidade, onde havia uma democracia racial e social e se juntavam negros e judeus pobres.

Essa nova linha de mobilidade indicava, de forma concreta, como as regiões da área norte se desenvolviam. A nova avenida, além de receber o nome daquele que ainda dirigia o país, ligava a praça Pio X, onde se situava a igreja da Candelária, à ponte dos Marinheiros, e abria caminho em direção a duas áreas. Uma que ampliaria a circulação em direção à Tijuca e aos bairros de Vila Isabel e Grajaú, encontrando as regiões do Engenho Novo e Méier e ligando as regiões das estradas de ferro, completando uma linha de mobilidade que chegava a Cascadura e Madureira.

Com isso, o sistema de transportes urbanos aumentava a sua condição de desenvolvimento, tanto no que se referia aos bondes como aos ônibus. Os terminais de ônibus começaram a tomar o lugar dos bondes. A praça Tiradentes transformou-se num novo terminal. A avenida Beira Mar também acumulou as funções de terminais, assim como o Castelo, a Glória e a região do Mourisco, no final da praia de Botafogo. A Urca também se integrou definitivamente à cidade com a criação de novas linhas. Uma que vinha do Lins de Vasconcelos, transformando a praia da Urca, com seu mar calmo, no paraíso da Zona Norte. A outra linha que chamava a atenção era a que ligava a Central do Brasil à Urca, servida por ônibus conhecidos como Camões.

A Segunda Guerra Mundial recompunha a economia porque forçava o desenvolvimento de uma industrialização por substituição de importações e crescimento nas exportações de bens primários. O capital que daí resultou foi investido na produção nacional, que passou a suprir a falta dos produtos importados.

A conjuntura política também se modificou, e os questionamentos sobre o Estado Novo abriram caminho para a redemocratização em 1945. Para a capital, a saída de Vargas, deposto, e a entrada do marechal Dutra no comando do Estado não alteraram a situação, uma vez que Dutra manteve a perspectiva moralizante de Vargas, ainda com maior austeridade, pois tinha a seu lado, de forma mais forte do que durante o mandato de Getúlio, a Igreja católica. Uma das medidas foi a proibição do jogo e o consequente fechamento dos cassinos, o que desempregou, da noite para o dia, milhares de pessoas ligadas ao mercado das diversões.

A multidão de atores, músicos, apresentadores, empregados em geral dos cassinos procurou alternativas para sobreviver. Muitos foram procurar moradia nas favelas, aumentando a população que lá vivia. A maioria entrou para o mercado informal, criando uma atmosfera de bazar no Centro da cidade, onde o comércio ambulante dava o tom com os gritos daqueles que queriam vender os seus produtos. O contrabando de roupas americanas cresceu na região da praça Mauá.

O retorno de Vargas ao poder em 1950 reanimou a cena política e criou novas expectativas, que se moviam na direção de um embate entre uma perspectiva nacional de combate ao imperialismo, que resultou na criação da Eletrobrás e da Petrobrás, e uma perspectiva de continuidade da presença do capital financeiro internacional, com a dependência da dinâmica da economia americana.

O segundo governo Vargas avançou na política de modernização da cidade, abrindo-a

para novos empreendimentos que incorporavam a cultura na agenda do Estado, o que mobilizou a intelectualidade brasileira, que teve condições de exercer sua dimensão criativa e assumir o papel de vanguarda. Isso redundou no processo de afirmação da cidade capital como o centro de produção de uma nova realidade para o Brasil, até aquele momento ainda compatível com a perspectiva americana de incentivar o desenvolvimento da democracia nas Américas. As artes tiveram a oportunidade de consolidar o modernismo, assim como a liberdade de imprensa fez avançar os veículos de comunicação, ampliando as informações e consolidando a esfera pública no Brasil. A reforma do *Jornal do Brasil* e os projetos arquitetônicos de Lucio Costa foram alguns dos exemplos dessa conjuntura favorável à liberdade.

As novas ondas vindas do campo das artes quebrariam – fazendo um barulho grande – nas areias de Copacabana. O Rio de Janeiro, o Rio do imaginário coletivo, o Rio que passava na cabeça dos turistas estrangeiros, eram as curvas em branco e preto do calçadão de Copacabana.

O calçadão de Copacabana havia sido construído ainda no governo de Pereira Passos, em 1906, mas, naquela época, era tido quase como uma extravagância do homem disposto a criar novas fronteiras para cidade. O padrão, que simulava o encontro do rio com o mar, fora copiado da praça do Rossio, em Lisboa. De início, era uma calçada como qualquer outra, que servia mais para proteger o pedestre das ondas, mas, com o passar do tempo (e mais ainda com a reforma de 1970 que, desenhada por Burle Marx, ampliou suas dimensões e colocou as ondas retratadas nas pedras portuguesas acompanhando o sentido longitudinal da calçada), passou, numa metonímia tropical, a significar o sol, o barulho das ondas, a liberdade e a música do carioca.

Eduardo Rodrigues, mesmo sem ser morador do bairro, adorava caminhar pelo calçadão de Copacabana, perceber como uma cidade podia crescer em direção ao mar. Do mesmo jeito que seu bisavô Antônio, ele tinha

A duplicação da avenida Atlântica: além da ampliação das pistas para separação do fluxo de carros, o pedestre também foi consideravelmente agraciado com ampliação do calçamento estilizado pelo grafismo com pedras portuguesas assinado pelo paisagista Burle Marx.

À ESQUERDA *Vista aérea de Copacabana fotografada por Milan Alram, em 1956. Acervo Tyba*

À DIREITA *A avenida Atlântica remodelada em 1970. Foto de Eurico Dantas. Acervo Agência O Globo*

um fascínio pelo mar com ondas, pelo barulho que o mar com ondas fazia, por aquela maresia ainda mais intensa que era possível sentir logo que se atravessava o morro dos Cabritos para estar diante do mar. Em seus roteiros de turismo – a maioria absoluta deles jamais retirada da imaginação para o papel –, Copacabana, com o contorno da orla como um pescoço à espera de um colar, seria uma estrela. Uma princesinha.

Desde que saíra da casa dos pais, Eduardo fixara residência em Botafogo. O bairro, com suas chácaras e mansões, com o time de futebol (fundado como clube de remo em 1894 e que tinha no tio-avô Arthur um de seus mais fanáticos torcedores), consolidava a natural expansão da cidade em direção ao sul. Botafogo ficava numa conveniente distância do Centro e, futuramente, das praias da região de Copacabana e Ipanema. Essa posição, mais tarde, quando a cidade crescesse definitivamente para os lados do Leblon (e depois da Barra) lhe valeria a fama de "bairro de passagem". Uma injustiça, diria Eduardo.

Botafogo, para ele, era o seu bairro. Ainda que a abertura dos túneis Velho e Novo transferisse o final das linhas de bonde para Copacabana (e a rua da Passagem, existente ainda hoje, reforçava, literalmente, a ideia de passagem), Eduardo enxergava Botafogo como o lugar que escolhera para criar sua família. Não tinha o glamour e a vocação para o turismo internacional que via em Copacabana, mas os grandes casarões (mais tarde transformados em embaixadas) que enfeitavam ruas como a São Clemente e a Dona Mariana, a enseada de Botafogo, a vista que se tinha aos pés do Cristo e, claro,

a conveniência de estar próximo de todos os lugares da cidade, lhe davam a certeza de que a escolha tinha sido bem feita. Quando sua filha, Mariana, crescesse, pensava Eduardo, ela haveria de lhe dar razão.

Ao mesmo tempo que via surgir alguns de seus bairros mais tradicionais, a cidade vivia o movimento de reação às medidas progressistas e vanguardistas dos anos 1950. A sociedade carioca se dividia entre aqueles que defendiam Getúlio e aqueles que o combatiam. A polêmica ganhou os meios de comunicação com o debate de posições que se apresentavam sob a forma do grande debate nacional nas páginas dos jornais *Última Hora* e *Tribuna da Imprensa*, Vargas contra o grande líder da direita conservadora, o político da UDN, Carlos Lacerda.

Mesmo com essa reação capitaneada por Carlos Lacerda, a vitória nas eleições que se sucederam ao suicídio de Vargas foi de um candidato liberal – Juscelino Kubitscheck –, homem de Minas Gerais e que tinha o binômio democracia e desenvolvimento como base de seu plano de governo.

Uma ousadia com a reação forte da UDN e da conjuntura internacional, que, através da Revolução Cubana e da penetração das ideias de revolução vindas da experiência chinesa de Mao, havia mostrado o equívoco da política americana em tentar desenvolver democracias na América. O clima da América Latina era tenso e complicado, e a eleição no Brasil de um homem vinculado às reformas podia trazer problemas. Por isso, quase JK não assumia a cadeira de presidente ganha no voto. A situação se complicava porque o vice-presidente eleito era João Goulart, político do PTB que havia sido ministro do Trabalho no governo Vargas e seu liame com as classes populares.

A reação à vitória de JK mostrou como já havia uma rede de defesa do conservadorismo que incluía parte das Forças Armadas e como a questão envolvia uma palavra de ordem mais radical: o anticomunismo. O medo do comunismo – o perigo vermelho – era anunciado como iminente por veículos de comunicação como a revista *O Cruzeiro*, na palavra do jornalista Davi Nasser, e a televisão, na palavra do apresentador Flávio Cavalcante.

Mas mesmo com esse clima pesado, a atmosfera da cidade não deixava de saborear as novidades automobilísticas e os novos componentes do conforto do lar, as cozinhas americanas. As eletrolas eram ultrapassadas pelas possantes vitrolas estereofônicas que faziam a alegria dos jovens e velhos. O *rock and roll* também mostrava a sua cara e era a moda dos brotinhos comandados na televisão por Sérgio Murilo. Mas o outro lado também aparecia com o *Samba Jazz* e a *Bossa Nova*, inundando a Zona Sul e se aproximando do samba de raiz. Os filmes da Atlântida transformavam a cidade num imenso pandeiro.

Tudo isso animava a capital e fazia retomar o gosto pela praia e pelas ruas. A vida mundana da cidade se expandia da Lapa para Copacabana e se apresentava sob aspectos diferentes: da boa vida dos playboys aos novos experimentos da esquerda e o avanço da União Nacional dos Estudantes (UNE).

Copacabana aumentava a sua densidade populacional. As construções iam de vento em popa, para a alegria dos empresários e dos nordestinos que vinham no embalo do êxodo rural e tinham na construção civil a

condição de manutenção. Mas Copacabana também crescia no sentido inverso ao do mar. Nas quadras mais afastadas da praia surgiam novas unidades residenciais, mas com uma nova característica: eram apartamentos conjugados, ocupados por gente das camadas médias que preferia morar mal em Copacabana e por ricos que faziam deles suas *garçonières*, deliciando Nelson Rodrigues e Sergio Porto com motes para as suas crônicas.

O movimento da cidade, os tão badalados "anos dourados", mostrava a sua força e iludia aqueles que não observavam mais longe. Um dos aspectos mais marcantes desse período era a falta de água na Zona Sul, que acometia casas e estabelecimentos comerciais. Como o crescimento da cidade se deu de forma vertiginosa, os serviços públicos não cresceram no mesmo nível. O abastecimento precário de água fazia da cidade e de Copacabana lugares de igualdade quando se tinha

O pai da van: alternativa aos ônibus comuns, "lotação" era o apelido dado a esse coletivo fotografado em circulação no ano de 1963.
Acervo Arquivo Nacional

que ir à bica pública com uma lata de banha de 20 litros para pegar água. Cauby Peixoto imortalizou a situação cantando “Lata d’água na cabeça, lá vai Maria...”.

Essa precariedade aumentava quando se olhava para os serviços de saneamento e para os transportes. O lotação, pai das vans de hoje, era um instrumento fazedor de caos urbano e de mortes e metia medo em todo mundo. Peter Kelemen escreveu, na época, um livro muito curioso que o tornou famoso, *Brasil para principiantes. Venturas e desventuras de um brasileiro naturalizado*. Era editado pela Civilização Brasileira de Ênio Silveira, o principal editor dos textos de esquerda e de perspectiva nacionalista. Ênio Silveira posteriormente deve ter se arrependido da publicação, porque o húngaro naturalizado brasileiro ficou novamente famoso, não por ter publicado outro livro, mas por ter criado uma das primeiras grandes falcatruas, o Carnê Fartura, que levou o dinheiro de uma quantidade enorme de brasileiros para o buraco.

1950

Capítulo 6

Aurora da Guanabara: novos tempos

1970

Bela Cap

A cidade-estado da Guanabara

AS ALTERAÇÕES DERAM à cidade um perfil cosmopolita e as ligações com o exterior foram decisivas para que a cidade se integrasse finalmente ao contexto internacional. Em 1945, o aeroporto que servia à base militar do Galeão ganhou a condição de aeroporto internacional. A avenida Brasil, outra linha importante de ligação, completava a segunda linha de expansão que decorreu da construção da avenida Presidente Vargas através da avenida Francisco Bicalho. Ela demarcaria uma nova etapa no desenvolvimento da cidade ao criar uma área de concentração industrial com uma mobilidade composta pelas ligações com as estradas Rio-Petrópolis e Rio-São Paulo. Essa região, como já anunciamos antes, também será ocupada pelos retirantes das secas, transformando-se em uma grande área de concentração de favelas.

Mais que um marco fundamental da industrialização da cidade, os 60 km da avenida

O elevado da Perimetral em construção: a via de proporções monumentais foi erguida na década de 1960. À esquerda pode-se ver o antigo Mercado Municipal, construído em 1907, e demolido em 1956 para a construção da Perimetral e para a urbanização da região da praça Quinze. A torre mais alta foi a única parte que sobrou e hoje é um restaurante. Foto de arquivo, s/a. Acervo Agência O Globo

ACIMA *Nó no trânsito: cena típica na avenida Presidente Vargas nos anos 1970, devido ao aumento da frota carioca.* Acervo Arquivo Nacional

AO LADO *A avenida Brasil na altura de Ramos, em 1954, em direção à Zona Norte da cidade, na Foto de Milan Alram.* Acervo de Milam Alram

Brasil – que liga o Caju, na borda da baía de Guanabara, a Santa Cruz, nos limites do município de Itaguaí – representariam a principal via de chegada à cidade, uma mistura permanente de belos cenários (a igreja da Penha, o conjunto do Pedregulho/Minhocão e o palácio da Fundação Oswaldo Cruz em seu estilo mourisco são pontos visíveis para quem cruza a pista), galpões abandonados, fábricas, favelas, mercados, campos militares, engarrafamentos sem fim, calor e muitas outras sensações. Há quem traga até hoje o cheiro da União Fabril Exportadora grudado no nariz, mais conhecida como fábrica de sabão português, em Benfica, que encerrou suas atividades há quase dez anos. A avenida Brasil segue saudando (ou assustando) os que chegam à região central do Rio.

Na década de 1950, as desconfianças com relação aos bondes se ampliaram com o encerramento do contrato com a Companhia Jardim Botânico. Os bondes foram perdendo importância e passaram a ser vistos como meios de complicar o tráfego da cidade, limitando o desenvolvimento dos ônibus e automóveis.

O ocaso dos bondes: garagem de veículos em desuso, em 1961. Acervo Arquivo Nacional

A Segunda Guerra Mundial trouxe um período de apreensão que decorreu das limitações dos mercados externos. Entretanto, a ação dos americanos, no sentido de garantir a defesa das Américas, injetou capitais na cidade do Rio de Janeiro e manteve um clima de euforia, mais animado pela entrada do Brasil na guerra, uma estratégia de Vargas para definir as posições do país no cenário de pós-guerra, economizando principalmente divisas.

Por outro lado, essa aproximação com os americanos do norte gerou uma renovação importante na mentalidade dos setores militares, em especial, na sua oficialidade, e abriu portas para a recepção paradoxal das teorias de segurança nacional e das teorias liberais. Essa aparente contradição transformou-se num caminho decisivo para o crescimento da cidade, oriundo das atenções decorrentes da Guerra Fria, o que incentivou a liberdade na contramão do comunismo.

Trânsito no Centro: o aumento vertiginoso de carros e ônibus nas ruas da cidade faz dos engarrafamentos um cenário comum já em 1971.
Acervo Arquivo Nacional

A situação de euforia, no entanto, durou pouco. Em primeiro lugar, porque cada vez mais a oposição ao Estado Novo ganhava terreno, incluindo, nesse momento, os oficiais do exército. Em segundo lugar, as denúncias da repressão e das torturas movimentavam a imprensa e abalavam as bases do governo Vargas, dando origem ao processo de democratização. Podemos achar estranho que, no momento em que Vargas se preparava para renovar o seu regime, a intervenção dos militares se realizasse, mas o Estado Novo não era compatível com os novos tempos.

Por mais que os oficiais brasileiros tivessem se envolvido com novas ideias, a forte presença da Igreja católica, nesse momento, mantinha limites para qualquer mudança mais drástica. A combinação entre progresso e Igreja encerrou de vez o clima de euforia. As tradições das famílias brasileiras deram o tom do novo tempo e contrastavam com as renovações urbanas, provenientes

AO LADO *O Maracanã: a construção do estádio Mário Filho, c. 1949, destinado a receber a Copa do Mundo e a tornar-se o símbolo do país do futebol. Foto de José Medeiros. Acervo Instituto Moreira Salles*

da radicalização da recepção do modernismo na arquitetura e nas artes.

Paralelamente, desenvolvia-se o crime no Rio de Janeiro, com ênfase no jogo do bicho, inventado pelo barão de Drummond para fazer sobreviver o seu Jardim Zoológico, em Vila Isabel, criado com o aval e o dinheiro de D. Pedro II, e ameaçado após a proclamação da República.

As obras de mobilidade continuam com toda força. No início dos anos 1950, inaugurou-se o elevado da Perimetral, como alternativa aos engarrafamentos e como opção de ligação da área sul às regiões de serra do estado do Rio de Janeiro. Nesse processo de aumento da mobilidade, a intervenção dos modernistas tornou-se um fator de rara importância na feição estética da cidade. A construção do Conjunto Habitacional do Pedregulho, em São Cristóvão, foi um dos ícones desse novo tempo, ao demonstrar novas formas de moradia coletiva. O aterro do Flamengo e o Museu de Arte Moderna deram à cidade uma nova dinâmica, favorecendo a mobilidade.

Um fato novo alterou a vida na capital e fez com que a esperança de um novo tempo se abrisse. O Brasil sediaria a Copa do Mundo de 1950. Na verdade, parte das obras realizadas durante o Estado Novo já previam esse evento. O prefeito Mendes de Moraes usou-o como alavanca para a expansão da cidade. A capital teria a oportunidade de superar São Paulo, porque a partida final da Copa seria aqui. Para isso, era necessário construir um novo estádio para comportar o evento, pois São Januário não daria conta das necessidades. E este teria que ser o maior do mundo, para mostrar a todos a grandeza brasileira. Além disso, a cidade precisaria de novas linhas de transportes que alimentassem a região onde o estádio seria construído.

A escolha do lugar para a obra recai sobre o antigo Derby Club, na região próxima a duas favelas. Uma já tradicional na paisagem carioca, a Mangueira, e outra que iniciava o seu crescimento e, com as obras do estádio, ampliou a sua população, a favela do Esqueleto. A favela se criou ao redor de uma estrutura desativada que seria o hospital da Universidade do Brasil. A desativação, em parte, deveu-se à indefinição da construção do campus da universidade, entre a região de Manguinhos e a ilha do Fundão.

Vargas encontrou num homem apaixonado pelos esportes o baluarte dessas mobilizações, Mário Filho, irmão de Nelson Rodrigues, fundador do *Jornal dos Sports*, criador dos desfiles competitivos das escolas de samba do Rio de Janeiro (quando era proprietário do jornal *O Mundo Esportivo* e precisava manter a atenção dos leitores no intervalo entre os campeonatos de futebol) e homenageado com a associação de seu nome ao estádio Maracanã. Os preparativos para a Copa foram da construção do estádio e das melhorias nas áreas de seu entorno ao desenvolvimento do centro de informações da imprensa, que deu à cidade uma nova dimensão nas suas ligações com o mundo. E ainda incluíram a criação, ao lado do estádio, de um novo entroncamento rodoviário e ferroviário para facilitar a chegada e saída dos torcedores; afinal, era um estádio que podia receber 150 mil pessoas.

No item transportes, foram pensadas novas linhas de ligação através das avenidas radiais que só ficaram prontas mais tarde, assim

O berço do samba: a favela da Mangueira, em 1970, é mais uma entre as comunidades que chamam a atenção para políticas públicas de remoção e construção de conjuntos habitacionais. Acervo Arquivo Nacional

como a abertura da rodovia Presidente Dutra, em 1951, e do Túnel do Pasmado, ao mesmo tempo que se iniciava o desmonte do morro de Santo Antônio.

O espírito renovador dos arquitetos modernistas e a necessidade de alocação das novas populações na cidade deram origem a outro conjunto, chamado hoje de "Minhocão", o Conjunto Habitacional da Marquês de São Vicente (erguido entre 1952 e 1954); afinal, a vocação da Gávea era industrial. Essa nova linha de desenvolvimento também criou as condições de aumento da ocupação das áreas próximas, como a Rocinha, e, com isso, a necessidade de ligações através de transportes coletivos. A descoberta de petróleo nas bacias da costa brasileira fez com que a opção pelos transportes rodoviários ganhasse terreno, e a década de 1950 marcou o início da decadência dos bondes. O crescimento das favelas transforma-se num problema urbano e, com ele, vem a necessidade de criar soluções. Essa tomada de consciência do problema incentivou a busca de recursos para a construção de habitações populares. Isso se refletiu na proibição, em 1956, de qualquer expulsão de moradores das favelas por dois anos.

A rejeição aos bondes já tomava conta da cidade, e as autoridades públicas iniciaram o processo de mudança nos serviços de transportes. A cidade recebeu duzentos trólebus importados da Itália que só passaram a funcionar no ano de 1962. Essa opção pelo transporte acionado à gasolina, que envolve a definição do desenvolvimento da indústria automobilística brasileira, marcou o final da década de 1950 e, junto com ela, depois da crise política que marcou o segundo governo Vargas, a vitória de JK nas eleições e a opção pela mudança da capital para o centro do Brasil, com a construção de Brasília.

A burguesia carioca avançava em direção à Lagoa, ao Leblon, à Ipanema, ao Cosme Velho e ao Alto da Boa Vista e resolvia a precariedade a seu modo, pois eles não precisavam do Estado. Bairros como Botafogo, Flamengo e Catete (onde se situava o Palácio do Catete, residência oficial da Presidência da República e palco do suicídio de Getúlio Vargas, em 1954),

Implosão de parte do Elevado da Perimetral na altura da praça Quinze, em abril de 2014. Foto de Custódio Coimbra. Acervo Agência O Globo

A QUEDA DO GIGANTE

Quando o primeiro trecho do elevado da Perimetral foi ao chão, no dia 24 de novembro de 2013, a poeira levantada invadiu boa parte das casas do vizinho morro da Conceição e acabou também cobrindo de pó a roupa do povo que deixava a missa no Mosteiro de São Bento. Saiu barato. Com o início da demolição, os caminhos que partem da baía de Guanabara e invadem a cidade — os primeiros trajetos percorridos pelos colonizadores do Rio de Janeiro — foram novamente desbloqueados. E uma parte do Rio reapareceu.

O elevado da Perimetral teve seu primeiro trecho inaugurado em 1960 com o intuito de reduzir o congestionamento de veículos na cidade. Estima-se que o viaduto, principal ligação entre a Zona Sul e a ponte Rio-Niterói, a avenida Brasil e a Linha Vermelha, tenha recebido, em média, um fluxo diário de 40 mil veículos. Um leva-e-traz de 788,5 milhões de carros em seus 54 anos de existência. Ainda assim, o preço de ter um muro de concreto entre o mar e alguns dos mais interessantes bairros da cidade era muito alto.

A derrubada dos 5,5 km devolveu ao carioca, além da vista do mar, o prazer de circular pelas ruas da praça Quinze (onde, sessenta anos antes, funcionava o Mercado Municipal); da praça Mauá (que ganharia ainda o Museu do Amanhã); da Gamboa, da Saúde e de toda a zona portuária, onde estão localizados alguns importantes marcos da cidade. Ali também está guardada boa parte da história da população negra, desde o desembarque dos primeiros escravos. Com a derrubada do elevado, a ligação entre o passado e o presente ficou muito mais rápida.

que ficavam no meio do caminho, passaram a sentir o declínio de prestígio. O carioca descobria definitivamente lugares mais distantes, alguns deles só conhecidos por quem costumava frequentar a estrada do Joá e seus recantos destinados a encontros amorosos (muitas vezes clandestinos) ou as areias da praia da Barra da Tijuca, com acesso pelo Joá ou pelo Alto da Boa Vista, que, de tão distante, parecia estar em outra cidade.

Nesse contexto, foi anunciado o Plano de Metas, no qual cinquenta anos seriam resolvidos em cinco. Esse modelo nacional-desenvolvimentista estava ancorado no capital internacional como mecanismo básico para a construção de uma acumulação capaz de desenvolver a economia brasileira e gerar uma nova etapa na história do Brasil. Na época, o imaginário social via essas mudanças como a consolidação da modernização no Brasil.

Mas para que esse modelo ganhasse densidade era necessário que se fizessem mudanças estruturais no país, reduzindo a desigualdade através de uma distribuição de renda e recursos mais desconcentrada do eixo sudeste. A estratégia dos polos de desenvolvimento, em moda na época, combinada com um esforço nacional levaram, então, à configuração da necessidade de mudar a capital do Brasil para o interior, seguindo uma orientação que, por motivos diversos, já havia aparecido no debate da primeira Constituição republicana.

A mudança da capital tinha lugar certo: o interior do estado de Goiás, bem no centro

No Porto do Rio: a importação do trólebus em 1963, que marca a substituição do bonde elétrico pelo transporte à gasolina. Acervo Arquivo Nacional

MEU CADILLAC, BI-BI

O carro da moda nos anos 1950: cadillac estacionado na avenida Atlântica, em Copacabana, em frente ao deck do bar do Hotel Luxor Regente, Posto V. Foto de Jean Manzon. Acervo Jean Manzon

Em 1953, quando a indústria automobilística começava a dar as cartas no mundo, a *Cruzeiro*, a mais lida das revistas semanais do Brasil, publicava um editorial em que dizia que os brasileiros estavam divididos entre dois tipos de pessoas: as que tem um carro e as que gostariam de ter um carro. Era uma frase de efeito, claro, mas que traduzia muito do anseio da população. Não por acaso, o primeiro fusca do Brasil foi montado em uma fábrica da Volkswagen no bairro do Ipiranga (SP), naquele ano.

A partir daí (e até sair definitivamente da linha de montagem, já nos anos 1990) o fusquinha — e depois toda a linha de carros populares — faria parte do sonho de consumo de boa parte da população. Até então, esse lugar — o lugar do sonho — era ocupado pelos carros de luxo. Numa época em que carro de luxo não tinha nada a ver com volume na mala, número de passageiros ou tração 4 X 4 nas rodas: o que valia era mesmo a beleza. E, quando se falava em beleza, nada superava um cadillac circulando pela mais bela cidade do mundo.

Em 1957, quando as importações eram bem maiores que as exportações e o dólar valia 18,42 cruzeiros, dos 7.220 carros de luxo existentes no Brasil, 5.338 desfilavam seus rabos de peixe, seu motor silencioso, suas capotas conversíveis e seu eterno perfume de carro novo pelas ruas da então capital federal. O Rio era, mais do que em qualquer outro tempo, o centro do Brasil. Naqueles anos dourados, o fetiche pelo modelo, fabricado pela GM desde 1902, acabou por se incorporar à língua portuguesa, fazendo-o virar sinônimo de carro de luxo. Falou luxo, falou cadillac.

do Brasil, fazendo dali saírem raios de desenvolvimento que alcançariam todo o país. Os investimentos nesse projeto foram gigantes em termos de capital e de homens. Era a oportunidade de mostrar que o Brasil era maduro. Brasília seria a demonstração empírica do engenho brasileiro que criaria a cidade mais moderna do mundo, capaz que concorrer com qualquer outra capital europeia ou americana.

Com projeto urbano de Lucio Costa e arquitetura de Oscar Niemeyer, o avião do crescimento, marcado pelo desenho do plano piloto de Brasília, seria a maneira de mostrar ao mundo a nossa capacidade de mudança. Entretanto, o risco era enorme, e parte dele foi minimizado pelo desenvolvimento de uma industrialização restritiva que acelerava provisoriamente a desigualdade, concentrando as atividades nas mãos da elite empresarial brasileira. Quem pagava era o povo, sofrendo com a inflação que desvalorizava a moeda e aumentava os impostos.

Esse mecanismo lembrava a década de 1930, pois manteve a concentração econômica no Sudeste, reforçando o papel de São Paulo como exemplo da dinâmica a ser seguida. O resultado nem mesmo alterou as migrações, que se distribuíam agora entre o centro do Brasil e o eixo Rio-São Paulo. Grandes massas de retirantes se dirigiam para Brasília, Rio de Janeiro e São Paulo no afã de conseguir sobreviver através de uma experiência urbana nova. Essas massas eram principalmente absorvidas pelas obras de Brasília e pelo avanço da construção civil no Rio de Janeiro.

O Rio de Janeiro nos anos 1950 e 1960 ia se definindo como centro financeiro, dividindo com São Paulo a renovação econômica, garantindo a relação entre capital e trabalho, já que em São Paulo concentravam-se as indústrias. Isso significou uma desmobilização do parque industrial carioca, que permaneceu antiquado diante do progresso de São Paulo, fazendo com que a antiga capital se confirmasse como vocacionada para os serviços.

Não era só. Os anos 1950, não obstante os tempos sombrios que antecederam e sucederam o suicídio de Getúlio Vargas, ficariam marcados para sempre como os Anos Dourados. O mundo inteiro acabara de deixar uma Guerra Mundial para trás, os Estados Unidos, natural parceiro comercial do Brasil, cresciam vertiginosamente, o *rock and roll* tomava conta das vitrolas no mundo inteiro e, por aqui, JK assumira a Presidência da República compromissado com o progresso. Como se não bastasse, no final da década, um baiano chamado João Gilberto, de voz mansa, tirou uma batida diferente no violão e inventou a Bossa Nova. Era nesse Brasil, mais precisamente no Rio de Janeiro da Bossa Nova, que Mariana Rodrigues viveria sua juventude.

Ser jovem na década de 1950 e no início dos anos 1960 era, em tudo, uma novidade. Até então, numa sociedade mais formal, parecia que as pessoas passavam diretamente da condição de criança para a de adulto. A adolescência e a juventude não existiam. A descoberta de uma música que falava diretamente aos quadris, do chiclete de bola e do jeans como uniforme fatiou de vez as gerações. Mariana crescera ouvindo os sambas-canções e as músicas de dor de cotovelo do início da década, mas, agora, se deixava embalar pelas canções que falavam baixinho e contavam histórias de mar, de sol, de amores passageiros e de uma cidade que não se cansava de seduzir os que passavam por suas ruas.

Com tudo isso, mesmo com a estrutura e a atmosfera de uma cidade que parecia estar sempre prestes a levantar voo, o Rio de Janeiro, antigo Distrito Federal, perdeu as suas funções de capital. Um baque. Com a mudança da capital, diminuíam as atividades administrativas ligadas ao poder público e minguava parte do mercado consumidor mais importante do país. A barganha política que resultou da decisão de mudança da capital gerou a criação de um novo estado na federação, formado pelo antigo Distrito Federal e que se diferenciava do estado do Rio de Janeiro, área política onde se localizava a antiga capital. O novo estado recebeu o nome de estado da Guanabara e recuperava parte da história da região, reforçando o imaginário popular de que essa mudança faria com que a região recuperasse as suas tradições e iniciasse o movimento em direção ao desenvolvimento. Esse arranjo político que deu à Guanabara autonomia pressupunha que essa nova unidade teria recursos municipais e estaduais capazes de resolver as precariedades da antiga capital.

Mas essas decisões também acarretavam novos problemas, além daqueles já mencionados como falta de água e de saneamento. O crescimento populacional aumentava o movimento na cidade do Rio de Janeiro, agora a capital do novo estado. As ruas não sustentavam o aumento da compra de automóveis, incentivada pelo desenvolvimentismo. Outro aspecto problemático era o da ocupação das regiões altas da cidade. Os morros foram sistematicamente ocupados pelas populações que participavam do êxodo do campo para a cidade. As favelas aumentaram numa velocidade incrível, fazendo com que a população favelada em 1960 fosse 11% de um total de 3.800.000 habitantes.

Nas primeiras eleições para o governo do estado da Guanabara a polarização ficou entre o candidato da coalização progressista Sérgio Magalhães, que unia a esquerda ao esforço desenvolvimentista, capitaneada pelo PTB, e o candidato da reação anticomunista, político da UDN, Carlos Lacerda. O vencedor foi Carlos Lacerda, conservador convicto, que, durante o segundo governo Vargas, havia organizado a oposição e forçado Vargas ao suicídio. Além disso, continuava utilizando a força de seu jornal, *Tribuna da Imprensa*, que era o principal veículo de defesa contra a invasão comunista aos lares brasileiros. Reproduzia-se novamente a polarização nacional que vinha desde os anos 1950.

No comentário que fez a respeito de sua vitória eleitoral, Carlos Lacerda colocou o dedo na ferida. Sua análise era correta e mostrava como as forças progressistas se comportavam com relação ao projeto desenvolvimentista. Para Lacerda, sua vitória foi dada pelo próprio candidato do PTB, que, em seus discursos de campanha, enfatizava a conjuntura internacional, usando como palavra de ordem "Abaixo o imperialismo ianque", deixando de lado as questões mais agudas do novo estado e aquelas que Lacerda utilizou como base de sua vitória. A plataforma de Lacerda concentrava-se em problemas imediatos como a falta de água.

Carlos Lacerda, líder capaz e inteligente, sentiu a dimensão do novo, e falava daquilo que podia unir a sociedade carioca, incluindo a perda da condição de capital como um fator de mobilização. Seu projeto envolvia trabalho e crescimento e partia da construção de

Entre as importantes obras de infrestrutura realizadas pelo governador Carlos Lacerda está o Túnel Rebouças. Na foto, Lacerda comemora a última etapa de abertura da obra, entre o Cosme Velho e a Lagoa, em 1965. Acervo Arquivo Público do Estado do Rio de Janeiro

obras de infraestrutura que resolvessem os problemas da cidade-estado. Para isso, era necessário modificar a paisagem urbana através de um projeto que modificasse estruturalmente a cidade.

Assim como o Plano Agache e a política urbana de Vargas, Lacerda manteve a perspectiva da moralidade urbana, mas acompanhada de novos elementos de força, a luta contra a corrupção e o anticomunismo. Lacerda se definia como aquele que vinha para salvar o povo do nepotismo e do empreguismo e, para isso, denunciava o populismo daqueles que anunciavam grandes projetos e não os realizavam. Moralidade urbana passou a ser sinônimo de ordem social e política, daí decorrendo a noção de que o controle das massas populares poderia ser feito através de mudanças urbanas, alterações nos lugares, mexidas nos espaços.

A cidade deveria representar os valores da sociedade, e esses valores eram contrários ao comunismo, à imoralidade e se assentavam na moral católica. Lacerda gostava muito de dizer que os cariocas eram um povo que a nação abandonou no Rio. Esse era o mote da unidade em defesa de um novo estado de coisas que coincidia com o novo estado da Guanabara. Outro fator que ajudou na mobilização dos cariocas foi a proximidade do aniversário de quatrocentos anos da fundação da cidade, cujas comemorações deveriam mostrar a capacidade cultural e rendeu a ideia de que a antiga capital agora era a Belacap, um misto de lugar de finanças e de

cultura, afinal, aqui estavam as grandes emissoras de rádio e de televisão, as grandes editoras, os grandes teatros.

Na geografia urbana, a maior marca do período pós-mudança da capital foi, possivelmente, a abertura do aterro do Flamengo. A partir de uma ideia de Carlota de Macedo Soares, amiga de Lacerda, e com o aproveitamento de material oriundo do desmonte do morro de Santo Antônio, parte da baía de Guanabara, no trecho que ia do Calabouço, próximo ao aeroporto Santos Dumont, ao morro da Viúva, no Flamengo, foi aterrada, dando lugar a parques, quadras, áreas de lazer e pistas de alta velocidade. O projeto paisagístico ficara a cargo de Burle Marx. Com as novas pistas, um trajeto entre Copacabana e o Centro da cidade, que podia levar até 40 minutos, passou a ser feito em 10 minutos. Além de servir à mobilidade, o lugar, com 1.200.000 m², passou a ser destino de muitos cariocas em busca de diversão e, a partir do fim da década de 1980, teve suas pistas fechadas para o lazer aos domingos e feriados. O Aterro do Flamengo foi inaugurado em 1965.

Quem assistiu a essas mudanças, criadoras de um novo estado e de uma nova ambiência que entusiasmava os cariocas foi Mariana. Filha mais nova de Eduardo, trilhou direção distinta da do pai e dos irmãos. Adorava crianças, e resolveu ser professora primária. A profissão havia ganhado prestígio desde a Escola Nova de Anísio Teixeira, e Lacerda deu ênfase à educação básica, valorizando o trabalho docente.

O desmonte do morro de Santo Antonio ocorrido nos anos 1950. Sua terra foi usada para aterrar a área onde seria realizado o Congresso Eucarístico, entre a rua Santa Luzia e o Passeio Público. Depois a região seria usada para a construção do atual parque do Flamengo. Com a demolição do morro deu-se a construção da avenida Chile. S/d.
Acervo Arquivo Nacional

Mariana formou-se no Instituto de Educação, que ficava – e ainda fica – na rua Mariz e Barros, entre a Tijuca e a praça da Bandeira. Para chegar ao instituto, Mariana e sua amiga Nádia, que moravam em Botafogo, pegavam, no largo do Machado, um bonde em direção ao Tabuleiro da Baiana (atual largo da Carioca) e de lá iam a pé até o largo de São Francisco, onde tomavam o bonde 74, que ia para Vila Isabel e passava na porta da escola.

O que animava as duas normalistas era a alegria do bonde aberto e os olhares que recebiam dos estudantes do Colégio Militar, da Escola Técnica e do Colégio Pedro II, unidade Tijuca. O alvoroço do bonde mostrava o ânimo da juventude carioca. Todas essas mudanças fizeram de Mariana uma observadora privilegiada da nova cidade-estado e a transformaram numa continuadora do hobby de seu pai, só que não mais se dedicando aos guias, mas aos livros sobre a cidade para crianças. Mais tarde, nesses livros, escritos em conjunto com Nádia Carvalho e Marion Villas Boas, traduziu a emoção dos cariocas.

Como morava na Zona Sul, teve a oportunidade de conviver com as primeiras apresentações da turma da Bossa Nova e observou de perto as atividades culturais dos Centros Populares de Cultura da UNE. A cidade era, para os cariocas, um aparente paraíso. Os cinemas tomaram conta da cidade e agora estavam nos bairros. Além da Cinelândia, tínhamos a praça Saens Peña, Copacabana, o Méier etc.

Na realidade, o projeto de Lacerda para o estado da Guanabara era a sua plataforma para a candidatura à Presidência da República, sucedendo Jânio Quadros, que teve no apoio de Lacerda a condição de sua vitória. Na avaliação do primeiro governador da Guanabara, o governo de JQ aumentaria a sua visibilidade, exatamente porque seria a concretização material do que seria um novo Brasil, comandado pela UDN. Mas essas expectativas não se concretizaram no plano internacional por conta da política externa independente e pela presença no governo de um homem de oposição às ideias da UDN. Na eleição de Jânio, a vitória para a Presidência foi estrondosa, mas a UDN não conseguiu fazer o vice-presidente. Na época, a eleição não era casada, e o candidato vencedor foi do PTB e um inimigo de Lacerda, João Goulart. Tudo isso acabou na condecoração de Che Guevara com a Ordem do Cruzeiro do Sul e na renúncia de Jânio e os problemas relacionados à sucessão. Para combater Jânio, Lacerda lançou mão de suas relações com as Forças Armadas e conspirou com elas.

Desenvolvendo sua estratégia de mobilização, Lacerda anunciou que as reformas no novo estado se iniciariam pelos subúrbios, que eram áreas mais desprovidas de ações governamentais, e pelo fortalecimento da educação, que deveria atingir todas as regiões, para que pudesse produzir efeitos imediatos e diretos sobre as classes populares. Com isso, o governador ocupava o espaço da mobilização da esquerda. O anticomunismo de Lacerda não era retórico, ele agia de modo a destruir a organização dos movimentos de esquerda.

Foi neste cenário que Lacerda contratou o urbanista grego Constantinos Apostolos Doxiadis para elaborar o segundo plano diretor da cidade. Os recursos necessários para a implementação desse projeto vieram de fora. Lacerda estabeleceu uma relação direta com os bancos de ajuda à América Latina, aproveitando a nova política externa americana de

Ao lado, o Parque do Flamengo: pistas de alta velocidade encurtaram a distância entre a Zona Sul e o Centro da cidade, projeto que não deixou de privilegiar o espaço de lazer do pedestre, organizado pelo paisagismo de Burle Marx. Na foto, os canteiros evidenciam o recente plantio das mudas, em 1969.
Acervo Arquivo Nacional

O plano do urbanista Constantinos Doxiadis, que tinha como uma de suas principais metas a eliminação das favelas da cidade. Acervo Conselho de Arquitetura e Urbanismo (CAU/RJ)

combate ao comunismo. O programa "Aliança para o Progresso" deu uma sustentação importante à realização do plano.

Como o plano estava articulado à candidatura futura de Lacerda à Presidência, juntaram-se a ele as comemorações dos quatrocentos anos da cidade. A feliz coincidência desses eventos transformou a cidade do Rio de Janeiro na capital da moralidade e do trabalho, dando ao plano uma repercussão não imaginada. Desse modo, o plano ganhou dimensões salvacionistas e passou a ser visto como o exemplo de administração competente e de tino para o futuro. A maioria das obras do plano era anunciada como transformadoras de paisagem e de valores.

Os resultados teriam de ser positivos, pois deles dependia a candidatura de Lacerda à Presidência. Assim, a base do projeto de reformas deveria ser a competência técnica que tornaria possível realizá-lo e a eficácia administrativa que proveria as necessidades da reforma. Neste sentido, o Plano Doxiadis seria o instrumento técnico que auxiliaria na construção de uma imagem nacional; tendo a Guanabara como vitrine política de Lacerda.

A reunião desses elementos deu ao plano confiabilidade. A escolha de Doxiadis não foi aleatória. Pelo contrário. Levou em consideração uma das questões-chave na campanha presidencial de Lacerda: a oposição a seu provável adversário nas eleições presidenciais de 1965, Juscelino Kubitschek.

Doxiadis, já urbanista mundialmente reconhecido, era figura atuante nos congressos internacionais de Arquitetura Moderna, os Ciams, espaços de fundamental importância para a concepção de projetos urbanos em todo o mundo e que eram marcados pelo paradigma do urbanismo moderno, aquele utilizado por Lucio Costa no plano piloto de Brasília. Com o pós-guerra, inicia-se um processo de dissolução deste ideário e, consequentemente, do fim da hegemonia do movimento moderno no urbanismo. O jovem urbanista Constantinos Doxiadis era um dos principais expoentes deste movimento de contestação.

Neste sentido, a escolha de Doxiadis refletiu uma afinidade ideológica com o posicionamento de Lacerda: representava a aproximação com o pensamento urbano norte-americano – ou seja, com seus aliados na luta anticomunista – e, concomitantemente, com um pensamento urbano que considerava o paradigma moderno e sua concepção de cidade superados – em outras palavras, representava um passo à frente na concepção urbana de Brasília, realização maior de JK.

A assinatura do contrato com os Consultores Associados Doxiadis ocorreu em janeiro de 1964. A escolha de um escritório estrangeiro gerou – assim como na década de 1920, quando da contratação do francês Agache – grande indignação entre os arquitetos brasileiros; a ponto de o Instituto dos Arquitetos do Brasil investigar a existência de irregularidades no contrato. Ainda assim, Doxiadis foi contratado e, ao final de fevereiro, já se instalava em um escritório no edifício Avenida Central, na avenida Rio Branco.

Doxiadis defendia que, de modo a assegurar o desenvolvimento da Guanabara, fazia-se necessário um planejamento em larga escala que coordenasse tanto o planejamento socioeconômico quanto o planejamento físico a um programa de âmbito metropolitano, que tinha como meta o ano 2000. Neste sentido, o Plano Doxiadis foi, ao mesmo tempo, um plano de gestão e um plano diretor físico, que definiu diretrizes para que, no início do milênio seguinte, o estado estivesse urbanizado de acordo com "um padrão de crescimento equilibrado e, portanto, pudesse funcionar perfeitamente".

Segundo Doxiadis, os problemas de ordem econômica da Guanabara decorriam da obsolescência de sua infraestrutura física; ainda que Lacerda viesse, ao longo de sua gestão, executando um grande número de obras públicas. Para o urbanista, faltava às intervenções do governador uma linha norteadora, um plano geral de renovação.

De modo a construir este plano geral, Doxiadis elaborou uma malha de comunidades, estruturada segundo uma hierarquia funcional e de grandeza. Estas comunidades autossuficientes estariam separadas por vias expressas de alta velocidade que seriam construídas sobre estruturas elevadas e direcionadas segundo os eixos Norte-Sul e Leste-Oeste. Ademais, Doxiadis propõe uma cidade com dois centros: um centro industrial em Santa Cruz e um centro cívico e de negócios no antigo Centro.

Muitas das propostas de Doxiadis foram aproveitadas das intervenções que Lacerda já vinha implementando enquanto governador da Guanabara. Por exemplo, a criação de distritos industriais na região de Santa Cruz e às margens das vias expressas já estava em execução desde 1961, quando foi criada a Copeg (Companhia de Progresso da Guanabara).

A opção de Doxiadis pelo transporte rodoviário também era uma realidade na Guanabara da década de 1960. Assim que chegou à cadeira de governador, Lacerda havia

substituído os antigos bondes por ônibus elétricos da Companhia de Transportes Coletivos (CTC). Ademais, a construção de vias expressas vinha como solução para o transporte desde a década anterior, e estavam intimamente ligadas ao modelo nacional-desenvolvimentista que impulsionou o crescimento da indústria automobilística no Brasil.

Restava, entretanto, um problema: as favelas. Com o nacional-desenvolvimentismo e os resultados positivos no que tange ao aumento da capacidade de consumo da cidade, assim como com a oferta de postos de trabalho, a cidade transformou-se em referência para aqueles que queriam enriquecer. As populações saídas de todos os lugares do Brasil procuravam a cidade como salvação, em especial, as massas de retirantes nordestinos que, como anunciava Caymmi, pegavam um ita no Norte para vir no Rio morar.

Um dos pontos de honra do Plano Doxiadis era a eliminação das favelas que, na visão de Lacerda, enfeavam a cidade e desvalorizavam as áreas que poderiam expressar suas belezas naturais. O projeto de remoção das favelas deveria, então, estar incluído no plano de reforma da cidade.

A centralidade do debate sobre as favelas repercutiu na elaboração do Plano Doxiadis, que incorporou, de certa maneira, a política de construção de conjuntos habitacionais na periferia da cidade que Lacerda vinha implementando desde a criação da Companhia de Habitação Popular (Cohab), em 1962. Doxiadis apresentou seu *Programa especial de política habitacional para favelados* na forma de um relatório emergencial, entregue apenas quatro meses após sua contratação, em junho de 1964.

Morro acima: na favela Dona Marta, crianças e adolescentes equilibram latas d'água na cabeça para abastecer suas casas carentes de saneamento básico. Foto de arquivo, s/a. *Acervo Agência O Globo*

O programa especial para a eliminação das favelas por meio da criação de acomodações a todos os favelados foi concebido para durar até 1980 e tinha em seus primeiros cinco anos um momento chave. Doxiadis propunha como diretriz fundamental um esforço global para mobilização de recursos públicos e privados.

Esse plano de remoção não foi de fácil aceitação e se transformou numa questão política em função da oposição que as forças de esquerda fizeram a tal projeto e, principalmente, a forma pela qual as remoções começaram a ser feitas. O ponto central era a precariedade de comunicação entre as vilas e os lugares de trabalho na cidade e também

PÁGINA AO LADO
O conjunto habitacional Vila Kennedy, construído à margem da avenida Brasil, integrou o plano de remoção da população das favelas empreendido pelo governo de Carlos Lacerda. Foto de 1964. *Acervo Arquivo Público do Estado do Rio de Janeiro*

Remoção da população da favela do Pasmado para a Vila Kennedy, em 1963. Foto de arquivo, s/a. Acervo Agência O Globo

as questões relativas ao tempo para a remoção, justificado pela pressa do plano e criticado por seu caráter autoritário. Para conter a primeira crítica, Lacerda criou uma empresa estadual de transportes – a CTC – que integraria as vilas ao Centro; quanto à segunda, foi mais difícil, pois envolvia a Secretaria de Serviços Sociais, comandada na época por Sandra Cavalcanti, que era acusada de fazer uma política de exclusão que teria chegado ao ponto de jogar os mendigos no rio da Guarda para eliminar a miséria da cidade durante os festejos de aniversário.

Outro ponto que deve ser mencionado é o do financiamento das mudanças e da ocupação das áreas liberadas. Lacerda criou, junto com a elite de seu governo, um mecanismo de acumulação que resolveu boa parte dos problemas de financiamento: o Banco da Habitação. Esse instrumento de acumulação respondia pelo financiamento da casa própria para os habitantes do novo estado e permitia a continuidade dos projetos de saneamento e de abastecimento, dando condições para sua realização.

Durante o governo Lacerda, foram removidas cerca de 42 mil pessoas em 27 favelas (principalmente na região da avenida Brasil), construídos quatro conjuntos habitacionais e urbanizadas quatro favelas.[31]

Ainda que não tenha dado o devido crédito, Negrão de Lima (que assumiu o governo do estado em 1966) levou em consideração a reflexão de Doxiadis acerca dos conjuntos habitacionais, principalmente no que diz respeito à infraestrutura necessária para sua habitabilidade.

As remoções de favelas não se encerraram com o governo Lacerda, principalmente após a enchente de 12 de janeiro de 1966, quando um forte temporal deixou 50 mil desabrigados e 250 mortos. A tempestade, com duração de mais de 72 horas (e cujas águas demoraram cerca de três dias para baixar), deixou a cidade completamente paralisada. O temporal atingiu, principalmente, a zona da Leopoldina e os subúrbios da Central do Brasil. Também foram atingidos bairros como Madureira, Jacarepaguá, Botafogo, Tijuca, Praça da Bandeira e Jardim Botânico.

As medidas foram rápidas frente à tamanha tragédia. Em setembro de 1966, foi criado um grupo de trabalho liderado pelo Banco Nacional da Habitação (BNH) para elaborar um Plano Habitacional para toda a Guanabara. Pouco mais de um ano após a criação do grupo de trabalho, em dezembro de 1967, o governo do estado apresentou o *Plano de Erradicação das Favelas e Urbanização do Rio de Janeiro*, que seria iniciado nas favelas do entorno da lagoa Rodrigo de Freitas e atingiria cerca de 35 mil pessoas.

Em maio de 1968, a opção remocionista ganhava mais força com a criação da Coordenação de Habitação de Interesse Social da Área Metropolitana do Grande Rio (Chisam), órgão subordinado ao Ministério do Interior e que foi o responsável pela realização das grandes remoções de favelas até 1973, quando foi extinto.

Uma observação atenta às remoções mostra resultados surpreendentes. Apesar de a memória do carioca apontar Lacerda como o governador responsável pelas maiores remoções ocorridas, a história não ocorreu exatamente desta maneira: o número de pessoas removidas durante o governo Negrão de Lima foi quase o dobro!

Uma análise geográfica das remoções realizadas durante estes dois governos também surpreende. A maioria das remoções levadas a cabo durante o governo de Carlos Lacerda atingiu favelas próximas à avenida Brasil. O programa de remoções passou a atingir amplamente a Zona Sul somente em dezembro de 1967, já no governo Negrão de Lima.

Boa parte das obras que compuseram o Plano Doxiadis já estava prevista no Plano Agache e em algumas iniciativas como as do prefeito Sá Freire Alvim, que ocupou esse cargo como antecessor da mudança que deu à cidade a condição de cidade-estado. As obras concluídas por Sá Freire Alvim decorriam dos projetos que envolveram a Copa do Mundo, como o túnel Barata Ribeiro-Raul Pompéia, a avenida Chile, o primeiro trecho da avenida Perimetral, a avenida Borges de Medeiros, entre o Jockey Club e a Lagoa. Também tiveram início as obras de abertura do túnel que liga as ruas Tonelero e Pompeu Loureiro. Por fim, o prefeito retomou as obras de construção do Túnel Santa Bárbara, iniciadas na década de 1940 e usualmente atribuídas ao Plano Doxiadis.

O capítulo dos transportes nas reformas do estado da Guanabara foi além das linhas policromáticas. Em 1965, o governador Carlos Lacerda iniciou o planejamento de reformas no transporte coletivo que ganhou o nome de "Novo Rio". Essa denominação também está presente no novo terminal rodoviário que, nos anos 1970, passou a ser administrado pela Companhia de Desenvolvimento Rodoviário e Terminais do Estado do Rio de Janeiro (Coderte).

Parte das modificações presentes nas reformas urbanas do governo Lacerda teve o apoio do primeiro governo militar, que garantiu ao novo estado uma série de vantagens. Entretanto, essas vantagens não eliminaram os problemas. Em 1965, ano da comemoração do quarto centenário de fundação da cidade, o *Jornal do Brasil* noticiava a remoção de favelas e adicionava a falta de água nas favelas e o aumento da criminalidade na cidade decorrente da presença de cerca de trinta mil moradores nessas favelas.

A política de remoções de Lacerda fez com que, nesse ano, moradores das favelas do Esqueleto, no Maracanã, na época a mais populosa, Maria Angu, na Leopoldina, e do morro do Pasmado, em Botafogo, fossem transferidos para Vila Kennedy com o conjunto ainda em obras, as casas de alvenaria, com um quarto, cozinha, banheiro e pequena sala apertada, sem vasos sanitários e janelas. E era exigido dos moradores um pagamento que constituiu uma dívida de quinze anos.

Esse movimento retirou a população dos seus lugares de trabalho, afastando-a para regiões longínquas, e fez com que fosse necessário ampliar as linhas de ônibus de modo que pudessem trazer esses moradores até seus locais de trabalho e levá-los de volta para suas casas.

O final dos anos 1960 marcou o início do processo de expansão para a Barra da Tijuca e, com ele, o desenvolvimento de novas linhas de mobilidade, como a avenida Alvorada (Via 11), a construção de outras avenidas e do túnel Dois Irmãos, das pontes de ligação entre as várias regiões da área. O governador Negrão de Lima, sucessor de Lacerda, proíbe, por decreto, a circulação de veículos de tração animal, como as carroças. Em 1969, o trânsito do Rio de Janeiro

recebeu uma novidade: a entrada em funcionamento das primeiras empresas de táxi. O fato triste foi o incêndio da favela da Praia do Pinto, quando cerca de dez mil pessoas ficaram desabrigadas e foram transferidas para a Cidade de Deus.

Por essa época, Mariana, já casada, continuava a viver em Botafogo e experimentava as viagens de táxi para fazer compras no Centro. O comércio de tecidos, que fizera história na família, migrara da praça Tiradentes em direção à avenida Presidente Vargas, ocupando as ruas estreitas, de casario antigo, como a Buenos Aires e a rua da Alfândega. O Saara, comandado por árabes e judeus em harmonia, com seu comércio de miudezas, brinquedos, artigos de carnaval, tudo a preços baixos, conquistara o carioca.

Quando pensava em compras mais sofisticadas, Mariana rumava para as ruas de Copacabana e da Tijuca. Muitas vezes, o trajeto era feito em ônibus elétricos, os chamados chifrudos, que funcionavam com uma antena presa a fios de alta tensão esticados entre postes no alto das ruas. Quando queria ir à praia, geralmente no Leme, com discretos maiôs de duas peças comprados na Sears da praia de Botafogo (onde hoje funciona o Botafogo Praia Shopping), ela pegava a linha 116, Usina-Leme.

Mariana lecionava na escola México, na rua da Matriz, em frente à igreja de São João Batista, e buscava transmitir aos seus alunos os valores que aprendera com os pais e avós. A escola acolhia alunos vindos da classe média do bairro e também os moradores da

Incêndio na favela do Pinto: ocorrido em 1969, iria levar cerca de 10 mil habitantes para a Cidade de Deus. Foto de arquivo, s/a. Acervo Agência O Globo

O embate entre os homens e os ônibus, circulação pela rua Uruguaiana, esquina com rua do Ouvidor. O valioso conjunto documenta a metrópole carioca nos meados do século passado, em 1957.
Acervo Milan Alram

comunidade do morro Santa Marta, numa pequena mostra das interseções sociais criadas pela geografia do Rio. Como integrante de uma geração de educadores que entendia o ensino para além das salas de aula, ela levava seus alunos para passeios frequentes pela cidade. Mariana gostava especialmente de apresentá-los a uma parte do Rio que teimava em permanecer viva, apesar das constantes limitações. Mais de uma vez, quando reunia o grupo diante da ladeira da Misericórdia, ela ouvia a pergunta:

– Onde essa ladeira vai dar, professora?

Nessas horas, Mariana tentava se lembrar das histórias vividas pelos seus antepassados e respondia com simplicidade.

– No passado. Essa ladeira nos leva ao passado.

1970

Capítulo 7

A capital do Rio de Janeiro

2000

A reabertura política, a expansão dos serviços de transporte e o fim do estado da Guanabara

APESAR DE IMPORTANTE referência, o Plano Doxiadis teve relevância prática reduzida. Muito vinculado à figura de Carlos Lacerda, o plano foi entregue em um momento em que a associação à imagem do governador não era desejada nem pelos militares nem pela oposição ao regime. A situação se agravou ao final de 1965, quando, após o cancelamento das eleições presidenciais, Lacerda rompeu com Castello Branco e, concomitantemente, não conseguiu eleger um sucessor ao governo da Guanabara.

Contudo, o Plano Doxiadis nunca foi completamente abandonado. Mesmo após a saída de Lacerda do governo do estado da Guanabara, a opinião pública não se esqueceu do plano. Logo que Negrão de Lima assume a cadeira de governador, iniciam-se cobranças a respeito de sua implementação. Em resposta, em junho de 1966, criou-se um grupo de estudo que teria o prazo de trinta dias para avaliar o plano e estabelecer sua viabilidade. Este grupo deu origem à Comissão Executiva de Projetos Especiais (Cepe).

Ponto alto: a obra de construção da ponte Rio-Niterói, em 1973, sendo finalizada. Foto de Sebastião Marinho. Acervo Agência O Globo

Demolição da Zona do Mangue: parte do plano de renovação do Centro, estabelecido por Doxiadis. Foto de Rogério Reis, em 1977. Acervo Tyba

Ainda assim, o plano permaneceu praticamente intocado. Exceções foram as diretrizes para a política de remoção de favelas e as obras implementadas na região do antigo Mangue, que incluía o vizinho Catumbi. Visto por Doxiadis como um bairro estagnado, a região do Mangue deveria ser objeto de um plano de renovação urbana que permitisse a expansão do Centro. Para tal, previam-se desapropriações em massa, modificação das dimensões dos lotes, mudança na legislação urbana de modo a permitir o adensamento e a abertura de avenidas.

A renovação urbana do Catumbi foi detalhada em 1966 pela Cepe-1, que procurou avançar com o projeto viário e com um programa do BNH de Cooperativas Habitacionais, que previa a construção de moradia para famílias filiadas a sindicatos e associações profissionais. Diante da ameaça de despejo, os moradores, a partir de 1967, travaram com o governo do estado um embate que contou com a participação do arquiteto Carlos Nelson Ferreira dos Santos. Alguns anos depois, conseguiram que as famílias despejadas fossem abrigadas em conjuntos construídos no próprio bairro.

Em 1971, o Departamento de Estradas de Rodagem (DER) apresenta o famoso Plano das Linhas Policrômicas. Segundo o projeto, a cidade possuiria um anel rodoviário que circundaria os maciços da Tijuca e Pedra Branca, e o qual, por sua vez, seria cortado por quatro autoestradas denominadas linhas policrômicas. São elas: (a) Linha Vermelha, responsável pela ligação entre a Zona Sul e o aeroporto internacional na Ilha do Governador; (b) Linha Verde, responsável pela ligação entre a rodovia Presidente Dutra e a lagoa Rodrigo de Freitas; (c) Linha amarela, responsável pela ligação entre a Barra da Tijuca e a ilha do Fundão; e (d) Linha Azul, responsável pela ligação entre o Recreio dos Bandeirantes à estrada Rio-Petrópolis.

Apesar da apresentação do Plano das Linhas Policrômicas, a pressão pública pela implantação do Plano Doxiadis perdura. Essa permanência do plano e suas consequências em termos de desenvolvimento criaram as cidades dormitórios, início de um processo de periferização da cidade. Em termos de transportes, o ano de 1970 observa a inauguração do terminal Menezes Cortes, que associa os pontos de ônibus ao fornecimento de vagas para estacionamento, solução de um dos atravancamentos na cidade, devido aos estacionamentos em lugares proibidos. No âmbito das remoções, mais uma favela foi removida da Lagoa, a favela da Catacumba. Cerca de 2.320 barracos foram derrubados, e os morado res transferidos para o conjunto Guaporé-Qutungo, na Penha, e para a Cidade de Deus e os parques proletários do estado. Em 20 de novembro, um acidente afetou diretamente o sistema de transportes. Um caminhão betoneira ficou preso no viaduto que estava sendo construído na avenida Paulo de Frontin e os vãos caíram sobre os carros, inviabilizando a circulação nessa área de importante ligação com o Centro.

Em 1971, é criado pelo governador Chagas Freitas outro grupo de trabalho para rever o Plano Doxiadis. Em 1972, o movimento pela retomada do plano se fortalece e, em resposta, Chagas Freitas volta a divulgar o plano do DER. Em sua defesa, afirma que, na elaboração do projeto, o DER considerou os estudos anteriores, inclusive o de Doxiadis.

A execução do Plano das Linhas Policrômicas se inicia com a construção da Linha Verde por meio da abertura do túnel Noel Rosa, ainda em 1972. Em 1977, por falta de verbas, as obras foram paralisadas. A situação se reverte somente em 1992, quando foram iniciadas as obras de construção da Linha Vermelha, inaugurada em 1994, seguida da construção da Linha Amarela, cujas obras se estenderam até 1997.[31]

Em 1972, foram reinaugurados os bondinhos do Pão de Açúcar, com novos modelos capazes de atender as demandas do turismo e dos eventos realizados no alto do morro durante o verão. O Rio de Janeiro já dispunha de 72 empresas de táxi. O serviço de ônibus começava a atender ao clima do Rio. Em 1975, circulavam, a partir do terminal Menezes Cortes, os primeiros ônibus de luxo com ar condicionado, apelidados pelos cariocas de "frescões".

31 É do principio da década de 1990 a confusão entre o Plano das Linhas Policrômicas e o Plano Doxiadis. De maneira estrita, as linhas coloridas não pertencem ao Plano Doxiadis, tratando-se de um projeto do Departamento de Estradas de Rodagem (DER) de 1971. Contudo, é de Doxiadis a proposta de que uma rede de transportes de velocidade deveria funcionar como estrutura para o desenvolvimento e a descentralização dos serviços na cidade. Assim como também a defesa da construção de vias arteriais com controle de acesso, sobre viadutos. Por fim, para além da semelhança dos traçados, o plano elaborado por Doxiadis era um plano de diretrizes, que deveria ser detalhado, a cada cinco anos, pelas equipes do governo do estado. De modo que, de certa maneira, o trabalho que o DER fez de desenvolver as linhas policrômicas estava previsto no Plano Doxiadis.

Conforto para o povo: os primeiros ônibus com ar, televisão e suspensão, entram em circulação a partir da década de 1970. Foto de Adriana Caldas. Acervo CPDoc Jornal do Brasil

Vermelho, azul, verde e amarelo: vista aérea da Linha Vermelha, uma das principais vias de acesso da cidade, integrante do Plano das Linhas Policrômicas, criado nos anos 1970 no DER. Na imagem, a via é fotografada na altura do Campus do Fundão, em 2014. Foto de Rogério Reis. Acervo Tyba

I. Governador
Aeroporto

OS FRESCÕES

O modelo "frescão" era semelhante ao utilizado nas viagens intermunicipais — poltronas acolchoadas, cortina lateral e, claro, aparelhos de ar condicionado tinindo — e, nos primeiros tempos, era exclusividade para passageiros que transitavam entre o Centro e a Zona Sul.

Em 24 de fevereiro de 2014, um decreto-lei municipal instituiu que todos os ônibus em circulação na cidade do Rio de Janeiro teriam que estar providos de sistema de ar condicionado até o final de 2016. No ano em que foi assinado o decreto, apenas 17,3% da frota possuía ar condicionado. No início de 2016, os "quentões" ainda são maioria, representando cerca de 50% dos ônibus em circulação.

À DIREITA *As obras da linha 1 do metrô, contornando o Monroe, sem prejuízo da sua integridade.* Acervo Rio Trilhos

PÁGINA AO LADO *No interior de um "frescão", o motorista desfruta da novidade que era uma televisão instalada no ônibus para a distração dos passageiros. Foto de Adriana Caldas, em 1983.* Acervo CPDoc Jornal do Brasil

Finalmente, as obras para a conclusão do serviço de metrô ganhavam força e levantavam polêmicas acerca da demolição do Palácio Monroe, em 1976. A ampliação da oferta de serviços de transportes na cidade adquiria um rumo novo quando, no ano de 1975, se realizou a extinção do estado da Guanabara. A cidade passou a ser a capital do estado do Rio de Janeiro e herdou todas as mazelas deste último, perdendo boa parte das vantagens de ser uma cidade-estado.

Essa alteração política, de um lado, abriu novos horizontes para os transportes, mas, de outro, criou uma maior concorrência com empresas de cidades vizinhas ao Rio de Janeiro. A confusão ficou mais forte em relação às condições de trabalho e só tomou algum rumo quando, em 1977, o Tribunal Regional do Trabalho conseguiu reunir todos os interesses de rodoviários, autônomos e cooperativas numa comissão de alto nível, com o intuito de estabelecer regras.

Ao mesmo tempo, essa fusão também criou problemas na oferta de empregos e de moradias, aumentando a ocupação das favelas. Também data dessa época a criação do Comando Vermelho, no presídio da ilha Grande. Em 1979, entrou em funcionamento a Linha 1 do Metrô-Rio, apresentando limitações, porque o percurso não levava os transportados até os lugares de saída e de circulação da cidade. O Centro do Rio, a partir da década de 1980, passou a ter um projeto próprio que envolvia a construção de um complexo administrativo para a Prefeitura da cidade, que, no espírito bem-humorado do carioca, rapidamente recebeu o apelido de Piranhão. Com a nova sede, a região se transformou e ganhou um perfil novo.

SURFISTA DE TREM: UMA FOTO, UM TEMPO

POR ROGÉRIO REIS

A foto dos surfistas foi produzida em 1989 no ambiente final da antiga agência F4. Metade dos 14 fotógrafos do grupo tinha declarado engajamento político por conta da recente ditadura militar e a outra metade era ligada aos movimentos da contra cultura, como era comum na época. A notícia da prática do surfe de trem no ramal de Japeri logo despertou interesse como pauta a ser investigada e fotografada por Ricardo Azoury e por mim. Sacamos que era uma ação da nova identidade da turma do subúrbio, uma prática ousada e transgressora que combinava com a nossa busca pela auto suficiência na produção e distribuição das nossas fotos. Enquanto eu fotografava em preto e branco e Azoury em cor, tínhamos que sair pelas janelas dos trens em movimento para fotografar e Mayra, minha mulher, trabalhava no apoio fazendo a nossa vigilância de dentro do vagão. Os surfistas documentados por nós eram liderados pelo Marcelo, funcionário da Fundação Rio. Foi uma ação conjunta: os surfistas viajavam de frente e nós (fotógrafos) de costas para fotografá-los em ação. Para a nossa sobrevivência devíamos obediência aos surfistas que nos avisavam da aproximação de postes, túneis e cabos elétricos durante o percurso. O ramal de Japeri foi considerado o mais perigoso para a prática do surfe porque não tinha calhas de proteção nas laterais externas das suas composições. Diante de quantidade de acidentes, mortes e constantes atrasos na malha ferroviária, a repressão policial foi intensificada e essa prática foi desaparecendo na primeira metade dos anos 2000.

De área de baixo meretrício, a região foi se transformando, especialmente depois da construção do Sambódromo, em 1984, que deu vida nova aos desfiles das escolas de samba e permitiu maior mobilidade à cidade. A Marquês de Sapucaí, rua que abrigava os desfiles até 1982, era também uma importante passagem de ligação entre a Zona Sul e o Centro, servindo aos que saíam do túnel Santa Bárbara e atravessavam o bairro do Catumbi. O monta e desmonta das arquibancadas, que durava até oito meses ao longo do ano, era um permanente transtorno ao trânsito. Depois da construção do Sambódromo, o tráfego na região viria a evoluir com muito mais harmonia.

As condições de mobilidade ganharam na década de 1980 uma nova alternativa. Ciclistas fizeram as primeiras manifestações em prol da construção de pistas seguras para bicicleta. Também houve um grande aumento do uso de motocicletas na cidade. As primeiras ciclovias foram implantadas em 1991, acopladas ao projeto Rio Orla de reurbanização da faixa marítima da cidade. Foram 23 km de ciclovias ao longo das praias do Leme ao

O governador Leonel Brizola é puxado durante a inauguração do Sambódromo, em foto de Evandro Teixeira, de 1984.
Acervo Evandro Teixeira

Pipa no Andaraí: sobre o novo pavimento de concreto recém-colocado no Complexo do Andaraí, em 1999, o menino desfruta das melhorias do programa Favela-Bairro. O projeto visava a urbanização dos morros cariocas. Foto de Marizilda Cruppe. Acervo Agência O Globo

Pontal, passando por Copacabana, Ipanema, Leblon, São Conrado, Barra da Tijuca e Recreio dos Bandeirantes.

As favelas tiveram, em 1993-1994, um alento com a implantação do projeto Favela-Bairro, e a área da praça Quinze, comumente engarrafada, ficou aliviada com a inauguração do túnel Eng. Carlos Marques Pamplona, via subterrânea conhecida como Mergulhão.

Mas retornemos às intervenções na cidade do Rio de Janeiro na década de 1970. A tese de que, no período de 1964 a 1974, a capital, de fato, retornou para o Rio de Janeiro em função das estratégias de dominação definidas pela política dos primeiros governos militares é reforçada quando se olha para o Plano Urbanístico Básico do Rio de Janeiro (PUB-Rio) e o Plano Integrado de Transportes (PIT Metrô), pois, como nos adverte Vera Rezende, "torna-se necessário levar em consideração o fato de que esses planos representam intenções em maior grau do Governo Federal que os órgãos a que estão diretamente ligados, nos casos específicos, a Prefeitura da cidade do Rio de Janeiro e a Companhia do Metropolitano".[32]

32 V. Rezende, *Planejamento urbano e ideologia: quatro planos para a cidade do Rio de Janeiro*, p. 63.

Isso nos mostra como os interesses do estado estavam dando as cartas, principalmente depois de estabelecerem a nova política urbana, baseada nas regiões metropolitanas, definidas como áreas institucionais, fazendo com que os municípios perdessem a sua autonomia e dependessem diretamente da ação do estado. Para isso, foi criada a Comissão Nacional de Regiões Metropolitanas de Política Urbana, que tinha como principal diretriz construir as definições da política urbana brasileira que constariam do II Plano Nacional de Desenvolvimento (PND). O apoio de sustentação dessa política foi idealizado a partir da criação do Fundo Nacional de Desenvolvimento Urbano, que fazia parte do Fundo de Desenvolvimento dos Transportes e seria a base de sustentação financeira da política urbana. Como decorrência desse tipo de tratamento foi criada a Empresa Brasileira de Transportes Urbanos (EBTU), que coordenaria todas as questões de política de transportes nas cidades.

Essa linha de ação estava claramente definida no II PND, onde, em linhas gerais, a estratégia era direcionar a força da política urbana para as cidades de porte médio, com a intenção de produzir mecanismos que levassem à eliminação das diferenças regionais, propiciando tanto a distribuição de renda como a renovação dos mercados, para o que era fundamental a política de transportes. Havia, ainda, certo cuidado com as cidades do Rio de Janeiro e de São Paulo, que deveriam ser monitoradas para não se transformarem em cidades cujo crescimento fosse incontrolável.

Essas definições podem ser percebidas no I Plan Rio, que se orienta para a transformação do estado do Rio de Janeiro no segundo polo nacional de desenvolvimento, buscando com isso eliminar as desigualdades entre rural e urbano, fornecendo alternativas para o desenvolvimento de uma economia estável que auxiliasse no desenvolvimento das cidades do interior do estado, que deveriam buscar as suas vocações. Para isso, definiu-se um eixo de desenvolvimento que centralizaria todas as ações com o intuito de realizar um processo de aumento da renda para gerar investimentos, ao lado dos outros instrumentos que o Governo Federal possuía. Isso justificava a fusão do antigo estado da Guanabara com o estado do Rio de Janeiro.

Percebe-se um claro movimento de integração dessas áreas à política nacional com o intuito de fortalecer a ideia de uma nação unida e integrada, sem conflitos e aberta para o futuro.

O PUB-Rio é, nesse contexto, exemplar para definir a concretude da fusão de estados. A plena realização do projeto ocorreu pela sintonia que havia entre o governador do estado do Rio de Janeiro, Faria Lima, e o prefeito do Rio de Janeiro, Marcos Tamoyo. Juntas, as duas autoridades nomeadas pelo Governo Federal realizaram as reformas que atenderam às orientações da política urbana federal, embora houvesse uma questão central a resolver: com a fusão, a cidade do Rio de Janeiro tornou-se um município e, com isso, perdeu boa parte de sua renda, e havia ainda as rendas comprometidas com os empenhos dos empréstimos feitos ao longo do período de 1961 até 1974. Tudo isso afetava a condição de desenvolvimento da cidade do Rio de Janeiro, pois inviabilizava investimentos.

A PONTE

Até a inauguração da ponte Rio-Niterói, em 1974, quem se dispusesse a ir do Rio para Niterói de carro tinha duas opções — e as duas demandavam paciência e tempo. A primeira era ir por terra, pela Rio-Teresópolis, até a altura de Magé, de lá seguir em direção à entrada de Itaboraí e aí então voltar a Niterói, passando por São Gonçalo (em uma época pré-Niterói-Manilha). Não saía por menos de duas horas. A outra saída era buscar um lugar nas balsas (ou barcaças), espécie de *ferry-boats* que faziam a travessia praça Quinze-praça Araribóia levando os carros. A fila de espera para embarque não levava menos que duas horas e, nos fins de semana, era possível deixar alguém empurrando o carro na fila e almoçar com calma no Albamar, restaurante na beira da baía de Guanabara.

Na época da inauguração, a previsão era a de que 15.865 veículos passassem por ali diariamente. Hoje, o fluxo diário chega a 151 mil veículos, que cruzam seus 13,29 km de extensão em oito faixas de rolamento, quatro em cada sentido. O vão central tem 72 m de altura. A ponte começou a ser cosntruída em 1969 e, apesar de ser conhecida simplesmente como "Ponte", leva o nome oficial de Presidente Costa e Silva, general que ocupava a chefia do governo no início das obras. Desde 1995, a ponte — e o pedágio — é administrada por sistema de consórcio. Atualmente, a travessia entre Rio e Niterói, num dia bom, é feita em cerca de 15 minutos. Mas não é raro que engarrafamentos obriguem os motoristas a passar mais de uma hora apenas para cruzar a ponte — e aí muita gente volta a ter saudades da época das balsas...

Os objetivos do PUB mantêm a linha geral dos planos da cidade, que são de orientação física. A diferença é que neste, como há uma ligação com a política de Estado, estão envolvidas também as áreas da economia e da sociedade, por conta da necessidade de definir a cidade como ordenadora das políticas públicas metropolitanas; nesse sentido, a dimensão física foi privilegiada como base para o crescimento econômico e social. Assim, foram definidas três diretrizes: (a) a definição de uma política de apoio ao planejamento municipal; (b) o estabelecimento de uma relação orgânica entre os vários níveis da estrutura urbana, compatibilizando-os com as atividades de produção; (c) o reforço da dependência das políticas federais, integrando a política municipal ao nível nacional.

Interessante notar que este é o primeiro momento em que surge, em um plano diretor da cidade do Rio de Janeiro, noções como incentivo ao turismo e promoção do patrimônio histórico-cultural. Este ponto é reflexo direto do esvaziamento de uma peculiaridade político-administrativa da cidade: não mais capital ou única cidade-estado. Nesse sentido, a noção de patrimônio histórico-cultural mostra uma cidade não mais voltada para um futuro com papel de liderança, mas para a memória de um passado em que ocupou o centro do poder político.

O PIT Metrô segue a mesma direção do PUB-Rio, marcando de forma concreta a presença da dinâmica federal no Rio de Janeiro. Seu início de elaboração coincide com o ano da fusão do estado da Guanabara com o estado do Rio de Janeiro e é apresentado em setembro de 1977.

PÁGINA AO LADO
A ponte em construção com o Pão de Açúcar ao fundo, em 1973. Foto de Eurico Dantas. Acervo Agência O Globo

Seus pressupostos seguem as linhas gerais dos planos anteriores, enfatizando a cidade como um todo, mas aos poucos ganha uma diretriz mais definida, que é a do sistema de transportes. Por ter essa dimensão de circulação, o plano teve como marca a arrumação da cidade, privilegiando os equipamentos urbanos e a construção do sistema de metrô. Esta última ação vai tomar conta do plano e modificar a estrutura da cidade para muito além dos transportes. A implantação do metrô foi usada para reverter o movimento que a cidade vinha tendo como metrópole, destruindo determinados espaços onde novas alternativas sociais e políticas começavam a adquirir expressão, como a limitação da prostituição em lugares como a Cinelândia.

Embora tivesse uma dimensão mais técnica e atingisse a cidade como um todo, havia a associação da modificação gerada pela implantação do metrô relacionada à moralidade urbana.

Em meados da década de 1970, iniciava-se o processo de liberalização lenta e controlada do regime autoritário. Em 1979, em atendimento à pressão de ampla mobilização social, foi finalmente concedida a anistia e permitido o retorno dos exilados e a recuperação dos direitos políticos daqueles que haviam sido cassados. Ainda em 1979 era extinto o sistema bipartidário e reintroduzido o pluripartidarismo no Brasil.

A anistia e o retorno ao pluripartidarismo abriram espaço para a entrada de uma nova corrente no campo político carioca: o brizolismo. Com uma estratégia de campanha focada na insatisfação com o regime civil-militar, Brizola conquista em

1982 uma vitória apertada para o governo do estado do Rio de Janeiro. Esta eleição foi marcada pela escandalosa tentativa de fraude na contagem dos votos perpetrada pela empresa de computação Proconsult, que transferia, irregularmente, votos brancos e nulos ao candidato dos militares, Moreira Franco.

O brizolismo abraçou as minorias não representadas no debate da democracia que se construía na década de 1980, focada nos direitos dos perseguidos políticos e cassados pelo regime autoritário. Tomando o Rio de Janeiro como base para sua caminhada à Presidência da República, Brizola reeditava a mesma estratégia traçada por Carlos Lacerda na década de 1960: utilizar-se da Belacap como plataforma de lançamento de sua campanha presidencial para a Novacap.

Ao longo da década de 1980, na cidade do Rio de Janeiro, a força do brizolismo era cada vez maior. Nas eleições de 1985 para a Prefeitura da capital elegia Saturnino Braga. Em 1988, Marcello Alencar também vencia com ampla margem as eleições municipais. E, em 1991, Brizola retornava ao governo do estado do Rio de Janeiro.

Durante a década de 1980, período em que o brizolismo marcou o campo político carioca, não foram elaborados planos diretores para a cidade do Rio de Janeiro. O foco da administração transferiu-se das grandes intervenções urbanas para as questões sociais, com o enfrentamento direto da pobreza urbana.

Destaca-se, neste cenário, a nova relação com as favelas e a opção por sua urbanização. Sob a responsabilidade da Secretaria de Habitação e Trabalho, o governo do estado lançou o programa *Cada família um lote*, que tinha como objetivo a distribuição de um milhão de títulos de posse por todo o estado. Detalhe interessante do programa foi a opção pela entrega da titulação de posse das terras às mulheres, vistas como chefes de família. Ainda no âmbito das favelas, foram executadas ações de implementação de infraestrutura de água e esgoto, o chamado programa *Proface*. Também importante foi o programa *Uma luz na escuridão*, que implantou rede elétrica nas favelas.

Cabe lembrar ainda a importância do projeto dos Centros Integrados de Educação Pública, os Cieps; escolas onde a criança permanecia por tempo integral, tinha direito a cinco refeições diárias, banho, atendimento médico e dentário e espaço para socialização e esporte. Com arquitetura de Oscar Niemeyer, os Cieps se traduziam em símbolos edificados de uma nova nação que se firmaria com a liderança de Brizola.

A construção do primeiro Ciep esteve associada a outro importante projeto: a Passarela do Samba, ou, como ficou conhecido, o Sambódromo. Ali, onde também foi erguida uma escola para dezesseis mil crianças, se encontravam a cultura erudita da escola e a cultura popular do carnaval.

Talvez o ponto mais polêmico do brizolismo no Rio de Janeiro tenha sido a reformulação da política de segurança pública. Desde a gestão anterior, o governador Chagas Freitas vinha enfrentando problemas relacionados a denúncias de abuso de autoridades policiais, principalmente dos temidos esquadrões da morte. Ainda em campanha, Brizola afirmava que não permitiria a

PÁGINA AO LADO, ACIMA
Malha estrutural do metrô para a linha 4.
Acervo CCRB

PÁGINA AO LADO, ABAIXO
Nova frota de metrôs da Rio Trilhos.
Acervo Rio Trilhos

O FUTURO SOB NOSSOS PÉS

Em 4 de junho de 1976, quando foi ao ar o último capítulo de *Pecado capital*, novela de Janete Clair apresentada na Rede Globo, o brasileiro, especialmente o carioca, foi apresentado ao futuro. Não parecia um bom futuro. Na cena final, o personagem Carlão (interpretado por Francisco Cuoco) jogava uma mala de dinheiro para o alto e as notas caíam, docemente, em um enorme buraco no que seria a estação do metrô da Glória. Nas imagens, o que se via era um amontoado de terra, máquinas e entulho. As obras do Metrô Rio, projetadas desde 1966, pareciam realmente uma novela.

O primeiro trecho do metrô do Rio de Janeiro, com 4,3 km, que ligava as estações da praça Onze, Central, Presidente Vargas, Cinelândia e Glória, só seria inaugurado em 5 de março de 1979. Mesmo com circuito restrito, a nova modalidade de transporte — com estações tinindo — caiu no gosto da população: apenas nos 10 primeiros dias, 600 mil cariocas experimentaram o gostinho de embarcar em trens refrigerados que respeitavam os horários e, em menos de cinco minutos, conseguiam chegar a seu destino.

De lá pra cá, o Metrô incorporou a linha 2 — que vai até o bairro da Pavuna, fronteira carioca com os municípios de São João de Meriti e Nilópolis —, se espalhou por mais 31 estações, num percurso total de 41 km, e transporta cerca de 780 mil passageiros por dia. Se no início eram apenas quatro trens (com quatro vagões), hoje são 49 composições com 296 vagões. Com o tempo, o metrô se incorporou definitivamente ao dia a dia do morador da cidade. E vem mais por aí.

Até o fim de 2016 está prevista a inauguração da linha 4, que chegará à Barra da Tijuca passando por Ipanema, Leblon e São Conrado. A Linha 3, que ligará os municípios de Niterói e Itaboraí, passando por São Gonçalo, está em obras. Por fim, a linha 5, que unirá a Gávea ao largo da Carioca está prevista para entrar em funcionamento em 2017. Quando tudo estiver pronto, serão mais de 1 milhão de passageiros transportados diariamente.

Em 1985, observado por Darcy Ribeiro (à esquerda), o arquiteto Oscar Niemeyer exibe a maquete de concepção do Centro Integrado de Educação Pública (CIEP), tipo de escola que ganharia o apelido popular de "Brizolão". Foto de Delfim Vieira. Acervo CPDoc Jornal do Brasil

continuidade de tais práticas, obrigando as forças de segurança a tratar de forma igualitária todas as classes sociais.

Suas medidas polêmicas geraram um debate acalorado acerca da violência urbana no Rio de Janeiro. Ao longo das décadas de 1980 e 1990, a cidade conviveu com altos índices de criminalidade violenta. Emblemáticos deste processo foram os casos das chacinas de Vigário Geral e da Candelária e os arrastões nas praias da Zona Sul, ocorridos em 1992 e 1993. Em 1994, as Forças Armadas intervêm diretamente na segurança pública da cidade, na chamada Operação Rio.

Diante deste cenário, o discurso acionado por Brizola de defesa dos direitos humanos acabou por se desgastar e ser associado à noção de inoperância e falta de iniciativa do estado em lidar adequadamente com criminosos. Deste modo, no início da década de 1990, opera-se uma mudança na imagem do Rio de Janeiro: de cidade maravilhosa para cidade do crime e do medo.

Esta insatisfação refletiu diretamente nas eleições municipais de 1992, quando a candidata de Brizola, Cidinha Campos, sequer chegou ao segundo turno. Ao contrário, a eleição foi vencida por um ex-pedetista, o economista Cesar Maia, que tomou como foco de sua campanha o combate à desordem urbana, em uma crítica direta à atuação de Brizola.

Quando a abertura política enfim chegou ao país, Mariana já tinha uma filha, Helena, uma jovem que aprendera o valor da democracia nas ruas da cidade. Em 1984, quando acabara de se formar em medicina – mantendo a tradição familiar iniciada por Alberto –, ela fora para a avenida Presidente Vargas pedir por eleições diretas para presidente da República, nas manifestações conhecidas como Diretas Já. Mesmo que a emenda não tenha sido aprovada no Congresso Nacional, estar ali na rua – depois de caminhar da Candelária até a Cinelândia, por toda a Rio Branco, uma marcha que retomava os caminhos imaginados por Pereira Passos oitenta anos antes – e tomar um chope redentor no Amarelinho, típico bar carioca, a fazia feliz.

Helena fora criada por pais liberais e se acostumara a ouvir histórias sobre os atos contra o regime militar no final da década de 1960. A passeata dos Cem Mil teve a presença da mãe, que deixara a casa em Botafogo, pedira folga na escola e se postara na Rio Branco, em frente à sede do antigo *Jornal do Brasil*, para integrar a multidão de manifestantes. Ela é uma das mulheres de punho cerrado para o alto que aparecem na clássica fotografia que Evandro Teixeira, um mestre do fotojornalismo mundial, publicaria no jornal no dia seguinte. Agora era a vez de Helena.

Tudo aquilo – a consciência política, os ares de um novo tempo, a intimidade com as ruas da cidade, a alegria de caminhar ao lado dos seus parceiros pelo Centro do Rio – faziam de Helena uma sonhadora. Nessa época, ela dividia um apartamento com uma amiga em Copacabana, no Posto 4, o olho do furacão no bairro síntese do Rio de Janeiro. Helena gostava da proximidade do mar, de poder correr no calçadão logo pela manhã, de dar um mergulho no fim da tarde e, principalmente, de estar no meio de um bairro agregador, com seus muitos prédios de muitos moradores, com suas ruas lotadas de gente e barulho, com suas velhinhas por todos os lados, com suas lojas de suco, com a brisa que saía da praia e invadia as ruas transversais como se soprada por um ventilador gigante e, ai, ai, ai, com seu trânsito infernal. Copacabana sempre foi para Helena um bairro vivo dentro de uma cidade viva.

Durante seus tempos de faculdade, estudando na UFRJ, na distante ilha do Fundão, ela se acostumou a desbravar uma cidade que ia muito além dos limites da Zona Sul e do Centro. A bordo do 485, ônibus que fazia o trajeto Copacabana-Olaria via Fundão, ela cruzava Botafogo, atravessava o túnel Santa Bárbara, sentia o cheiro da cevada na antiga fábrica da Brahma no Catumbi, sentia o cheiro do açúcar queimado saindo da antiga fábrica do Açúcar União, nas imediações da Francisco Bicalho, cruzava, por sobre o viaduto do Gasômetro, a sede do *Jornal do Brasil* na avenida Brasil 500 e seguia em direção à faculdade, passando pela recém-inaugurada Vila do João, conjunto habitacional na entrada da ilha do Fundão, que mais tarde se incorporaria ao Complexo da Maré.

Em tempos em que o alcance do metrô era ainda menor (só havia a Linha 1, com a ligação entre Botafogo e Saens Peña), as viagens de

O TREM PAROU, RAPAZIADA, CHEGOU A HORA DE TOMAR UMA GELADA

O Trem do Samba foi criado em 1995 por sambistas cariocas para comemorar o Dia do Samba, 2 de dezembro. A viagem vai da Central do Brasil até Oswaldo Cruz, bairro de seu maior idealizador, Marquinhos de Oswaldo Cruz, e onde se encontra a quadra da Portela. No início e no fim são realizados shows em palcos fixos, e, no trajeto, grupos de sambistas ocupam os vagões com rodas de samba.

Marquinhos é autor de "Geografia do samba", samba que relaciona cada uma das estações da Central do Brasil e lugares e pessoas que ajudam a contar a história do gênero na cidade: casas de show, pagodes, escolas de samba ou moradores famosos. A letra diz mais ou menos assim: "Vou sair e volto já, meu bem, e não demoro/ Vou pegar o parador em Deodoro". E por aí vai.

Animação e música no interior do vagão do "Trem do Samba". Foto de Roberto Moreyra. Acervo Agência O Globo ônibus eram o modo natural de transporte. Mesmo quando foi fazer residência em Pediatria no hospital do Instituto de Assistência dos Servidores do Estado do Rio de Janeiro (Iaserj), próximo à praça da Cruz Vermelha, ela sempre usou o ônibus. De Copacabana até lá, ela pegava o 434 (Grajaú-Leblon) ou o 433 (Barão de Drummond-Leblon via Lapa) e, em muitos momentos, parecia que estava viajando para outra cidade, para outro tempo.

Aquela região do Centro, que mais tarde integraria o que os boêmios chamariam de Grande Lapa, era uma grande novidade para Helena. O Circo Voador, que fizera a festa do carioca no verão de 1982, batera suas asas e pousara sob os Arcos da Lapa, onde está até hoje. Era o início de um novo namoro. Até então, o carioca ainda não redescobrira o valor da Lapa, não recobrara o prazer de traçar um cabrito no Nova Capela, um Osvaldo Aranha no Cosmopolita, o chope do Bar Brasil ou um filé com fritas no Vieira Souto, bem pertinho do hospital. Também não se dera conta de como era bom flanar pelas ruas quietas do bairro. Helena ia descobrindo isso tudo aos poucos. Andar por aquela ruas, ver o casario das ruas do Senado, do Lavradio, as subidas de Santa Teresa, fazia Helena evocar o passado e buscar lembranças de um tempo que não vivera.

A mãe, Mariana, costumava contar histórias de sua bisavó, Vera, que vivera naquelas ruas centrais, entre a praça Tiradentes e o alto de Santa Teresa. Nesses momentos, uma estranha nostalgia – aquela nostalgia das coisas que não vivemos – tomava conta da alma de Helena. E ela pensava que, quando tivesse filhos, os levaria para conhecer cada canto da cidade, tirando-os dos limites da Zona Sul, ensinando-os a pegar o trem para ir ao samba de sua adorada Portela, em Oswaldo Cruz, ou aos pagodes, que recomeçavam a entrar na moda, no Cacique de Ramos. Seus filhos seriam cariocas do Rio inteiro.

Não por acaso, Júlia, a filha de Helena, quando chegasse à idade de perambular sozinha pela cidade, o faria de uma maneira natural. Como se tivesse o mapa do Rio de Janeiro desenhado na palma das mãos.

Em 1993, Cesar Maia é eleito prefeito; em 1997, elege seu sucessor, Luís Paulo Conde; em 2001, retorna à Prefeitura e, em 2005, é reeleito. Este período de doze anos é marcado por uma nova característica: a despolitização do papel do prefeito, que passa a atuar como um administrador da cidade.

Há também, neste período, um retorno às grandes intervenções, visto que a cidade passa a ser administrada por obras urbanas. Diferentes projetos urbanos são executados por toda a cidade, principalmente por meio dos programas Favela-Bairro e Rio-Cidade. Também na década de 1990, surge, no campo do planejamento urbano, um novo conceito: o planejamento estratégico (trazido pelo então secretário de Urbanismo, o arquiteto Luís Paulo Conde).

Uma das grandes intervenções desse período foi o Projeto Favela-Bairro, idealizado para transformar as favelas de médio porte em bairros.

Esta mudança se concretizou em 1993, com a divulgação do primeiro Plano Estratégico da Cidade (PEC-RJ), *Rio sempre Rio*. Segundo o plano, de modo a reverter a suposta crise de falta de investimentos, seria necessário um reposicionamento da cidade em termos globais. Ademais, o PEC-RJ inaugurou, no Rio de Janeiro, a adoção do marketing urbano como ferramenta de projeção internacional da cidade. Em outras palavras, tratava-se de construir uma nova capitalidade para aquela que já havia sido a capital do Império e da República, além da única cidade-estado do país. Foi inserida nesta lógica que nasceu a primeira candidatura do Rio de Janeiro para sediar os Jogos Olímpicos de 2004.

Capítulo 8

A cidade olímpica

Novos horizontes: a vista do novo porto da cidade, a partir do teleférico do morro da Providência. Foto de Leandro Ravaglia. Acervo Cdurp

A busca pela internacionalização e a revitalização portuária

A CIDADE DO RIO DE JANEIRO seguiria no seu trilho de mudanças tendo como prefeito, a partir de 2001, Cesar Maia. Em 2004 a cidade veria o lançamento de um novo Plano Estratégico: *As cidades da cidade*. Propondo a subdivisão da cidade em doze macrozonas com planos específicos, o plano tratava cada região da cidade de forma independente e optava por empreendimentos isolados do espaço da rua, como os grandes equipamentos *Cidade do Samba* na Gamboa, a *Cidade da Música* na Barra da Tijuca, ou ainda a *Cidade das Crianças* em Santa Cruz.

Como forma de equacionar a violência na cidade, em 2008, o governo do estado implementou o programa de segurança pública das Unidades de Polícia Pacificadora (UPPs). A primeira a ser implementada se localizava no morro Santa Marta, em Botafogo. O impacto maior de mobilidade no período veio com a apresentação do plano do Porto Maravilha. O projeto de reestruturação urbana tinha como campo de ação a zona portuária.

Tatuzão em ação: o equipamento que realiza a expansão do metrô carioca visto em funcionamento. Foto de Henrique Freire. Acervo Rio Trilhos

AO LADO
VLT atravessa a praça Mauá, passando ao lado do Museu de Arte do Rio. Foto de Bruno Poppe. Acervo Cdurp

A região havia perdido a sua capacidade de integração ao progresso urbano devido a vários fatores. Entre eles, devem-se destacar as alterações na matriz portuária, que desencadeou um processo grande de desemprego na estiva; a construção da Perimetral, que cobriu a região; e a decadência dos negócios no Centro do Rio de Janeiro.

A zona portuária apresentava, por conta de sua decadência, enormes áreas não utilizadas que representavam um espaço capaz de servir para o movimento de reorganização do Centro. A intervenção, no entanto, previa também impactos sobre outras áreas e inovava na organização de novas formas de financiamentos dos empreendimentos. Esses impactos envolviam bairros próximos como o Caju e São Cristóvão, áreas do Centro e das regiões do Estácio e da Leopoldina. Para a realização do projeto, havia como condição primeira a derrubada da Perimetral, com a criação de novas vias, como a Binário do Porto; a Expressa, pela avenida Rodrigues Alves; e a conexão com as outras áreas da cidade através de 28 km de vias que utilizariam novos sistemas de ordenação da mobilidade,

como os veículos leves sobre trilhos (VLTs) e os BRTs (de uma sigla em inglês que significa 'transporte rápido por ônibus'), e criariam um sistema de integração com metrô, barcas, trens e aeroportos.

Esse movimento também restauraria a funcionalidade da avenida Venezuela e da rua Barão de Tefé, assim como da avenida Passos, com novas estruturas urbanas, principalmente nas redes de água e esgoto.

Em 2009, Eduardo Paes elege-se à Prefeitura e, em 2013, reelege-se. Sua eleição representa a continuidade do processo iniciado ainda em 1993, com a busca pela *internacionalização* da cidade. Ponto alto deste processo se deu em outubro de 2009, quando foi anunciada a escolha da cidade do Rio de Janeiro para sediar os Jogos Olímpicos de 2016. Ainda em 2009 e, posteriormente, em 2013, Paes apresenta um novo plano estratégico para a cidade: *Pós-2016. O Rio mais integrado e competitivo* (ambos possuem o mesmo nome).

Também em sua gestão (e se utilizando de instrumentos previstos nos planos estratégicos anteriores), Paes deu início a uma grande operação urbana de *revitalização* da zona portuária da cidade: o projeto Porto Maravilha, que, ainda que focado nos bairros da Saúde, Gamboa, Santo Cristo, São Cristóvão e Centro, é um projeto que tem como horizonte toda a cidade do Rio de Janeiro.

Em 2010, dando continuidade ao Porto Maravilha se inicia a urbanização do morro da Conceição e a restauração dos jardins do Valongo, ao mesmo tempo que se coloca à disposição dos cariocas as áreas da Saúde, da Gamboa, de Santo Cristo e da Harmonia, já reurbanizadas, abrindo espaço para a renovação urbana e para a recuperação das tradições culturais da região. O cais do Valongo e o cais da Imperatriz passaram a fazer parte dos roteiros culturais da cidade, criando espaço para a recuperação da memória dos habitantes do Atlântico Sul.

Em 2012, foi inaugurada a primeira fase do BRT, ligando o terminal Alvorada, na Barra da Tijuca, a Santa Cruz e Campo Grande e, por conta do projeto olímpico, iniciou-se a obra

A chegada na Central do Brasil: muitos caminhos e histórias sobre trilhos. Acervo Rio Trilhos

PÁGINA AO LADO
Na Barra da Tijuca: a estaçao Guignard do BRT (Bus rapid transit). Acervo Tyba

Plano e contraplano da linha 4 do metrô: a Barra da Tijuca em conexão direta com a Zona Sul. Acervo CCRB

da Linha 4 do metrô. Ainda em 2012, tiveram início as obras da preparação da zona portuária para a construção da Via Expressa, com a abertura dos serviços nas áreas das ruas Sacadura Cabral e Venezuela em duas direções. Seguindo na direção da praça Barão de Ladário, com o objetivo de seguir um percurso de ligação com o Mergulhão da praça XV e em direção ao Armazém 8. A obra realizou uma substituição à Perimetral, paralela à nova via Binário do Porto, com parte feita através do túnel 450 anos e parte de superfície ligando o aterro do Flamengo à avenida Brasil e à ponte Rio-Niterói, abrindo espaço para a circulação de pedestres, ciclistas e VLTs.

A via Binário do Porto e o túnel Nina Rabha foram inaugurados em 2013, permitindo o início do processo de recuperação da mobilidade na região. Como parte integrante do projeto de reurbanização foi inaugurado o Museu de Arte do Rio, no Palacete Dom João VI, totalmente restaurado para abrigá-lo. Com isso, iniciou-se o programa de recuperação da praça Mauá, que recebeu, em 2016, o Museu do Amanhã, criando uma nova área de lazer na cidade.

Encontrando os velhos trilhos no caminho do VLT.
Acervo Cdurp

Em 2014, foi inaugurado o teleférico da Providência, ampliando o espaço de mobilidade na zona da Central do Brasil. A cidade pode ser cruzada em todos os sentidos e oferece alternativas que vão além daquelas que se resumem às formas tradicionais de mobilidade, reencontrando pelo caminho restos de uma cidade do passado, como no caso do VLT. Recebido por nós como uma surpresa, os VLTs são comuns nas capitais europeias, em especial naquelas em que os núcleos históricos e patrimoniais são atendidos por políticas públicas que garantem a sua oferta aos moradores e aos turistas.

Aqui no Rio de Janeiro, o VLT se apresenta como uma alterativa à mobilidade da área central da cidade, complementando, em certa medida, o metrô. Com isso, os cariocas já podem mais facilmente chegar à zona portuária e ao aeroporto Santos Dumont e, por tabela, ao Museu de Arte Moderna e ao parque do Flamengo, que antes eram lugares difíceis de serem alcançados.

Além disso, as escavações realizadas para a implantação dos trilhos do VLT têm trazido surpresas. Para os mais antigos moradores da cidade, elas revelaram um Rio vivido nos bondes; para os mais novos, os marcos de uma cidade antiga cheia de mobilidade. Essa faceta é revelada por algumas coincidências. Na praça da República foram encontrados os trilhos de madeira utilizados

PÁGINA AO LADO
Movimento de transeuntes no interior do edifício da Central do Brasil, visto sob a lente do fotógrafo Cesar Barreto.

CENTRAL

A estação Central do Brasil (Dom Pedro II) ganhou relevância a partir dos anos 1970 quando passou a ser também um ponto de metrô.

Naquela ocasião, a costura da cidade recebe uma contribuição importante, dando à estação uma centralidade maior, permitindo que os cariocas pudessem ter maior mobilidade na ligação Norte-Sul da cidade. Esse fato fez com que a área no entorno se transformasse num ponto de fluxo intenso, principalmente após a construção do terminal Américo Fontenelle. Com o aumento do movimento, a área se tornou lugar de ambulantes e de intenso trânsito, como terminal de transportes alternativos, o que também provocou o aumento da violência na região.

Hoje a Central do Brasil é onde o carioca se encontra, partindo e chegando, para se movimentar pela cidade.

A Praça Mauá reconfigurada com o VLT e o Museu do Amanhã ao fundo. Foto de Bruno Poppe. Acervo Cdurp

pelos bondes mais antigos. Mas a maioria dos achados revela os caminhos dos bondes já elétricos do final do século XIX.

Na rua Sete de Setembro foram descobertos, além das bases das antigas casas, trilhos dos bondes de tração animal e resquícios, descobertos em 2015, perto da praça Tiradentes, dos calçamentos pé de moleque que foram em parte preservados para indicar aos pedestres como eram as antigas formas de organização das ruas.

No entanto, o achado mais importante, que não veio das escavações, mas das pesquisas feitas nos vários arquivos da cidade, é o da coincidência entre o roteiro de viagem dos bondes da Companhia Locomotora de 1878 e os atuais caminhos do VLT na região central da cidade.

A nostalgia dos antigos pode reaparecer, mas os VLTs são fechados, diferente dos bondes. O importante do VLT é a oferta de uma visão da cidade apagada e desconhecida. Os que andarão nos VLTs poderão desfrutar de visões há muito colocadas num segundo plano e apreciar a lógica de uma cidade capital. As estripulias dos bondes antigos terão de ser esquecidas e, com a criatividade carioca, outras histórias surgirão com os VLTs.

E, então, quando tudo parecia se encaminhar para tempos de modernidade, de invenções tecnológicas a serviço da mobilidade, eis que ressurge a bicicleta. Isso mesmo: a bicicleta.

VIVER SOBRE RODAS

Diariamente, o panorama do trânsito do Rio é reportado em informes dados pelas rádios e pelas TVs quase como uma mesma gravação reproduzida dia após dia: "A avenida Brasil tem um trânsito congestionado a partir de Manguinhos, mesmo cenário da Linha Vermelha a partir da entrada da Ilha. No outro lado da cidade, quem procurar chegar à Barra pela Lagoa-Barra deve ter paciência, o tempo médio no percurso é de uma hora e cinco minutos. Na ponte Rio-Niterói, a travessia é feita em 43 minutos, com congestionamento desde o vão central até a chegada ao Rio, no Gasômetro". Engarrafamento, congestionamento, trânsito parado... o vocabulário do carioca que tenta trafegar pela cidade anda restrito.

No início de 2016, circulavam pelas ruas do Rio de Janeiro cerca de 3 milhões de veículos, entre carros, motocicletas, ônibus e caminhões. Os incentivos à indústria automobilística e o financiamento a longo prazo para a população facilitaram a compra de veículos novos. Em 2013, a cada mês eram colocados 12 mil novos carros em circulação. O resultado — que deve considerar também as indispensáveis obras que remodelam a cidade desde o fim de 2012 — são os muitos engarrafamentos em praticamente todos os pontos do Rio. Só pelo túnel Rebouças — inaugurado em 1967 com previsão de 76 mil veículos por dia — passam quase 200 mil carros diariamente.

Hora do rush na rua Primeiro de Março. Acervo Tyba

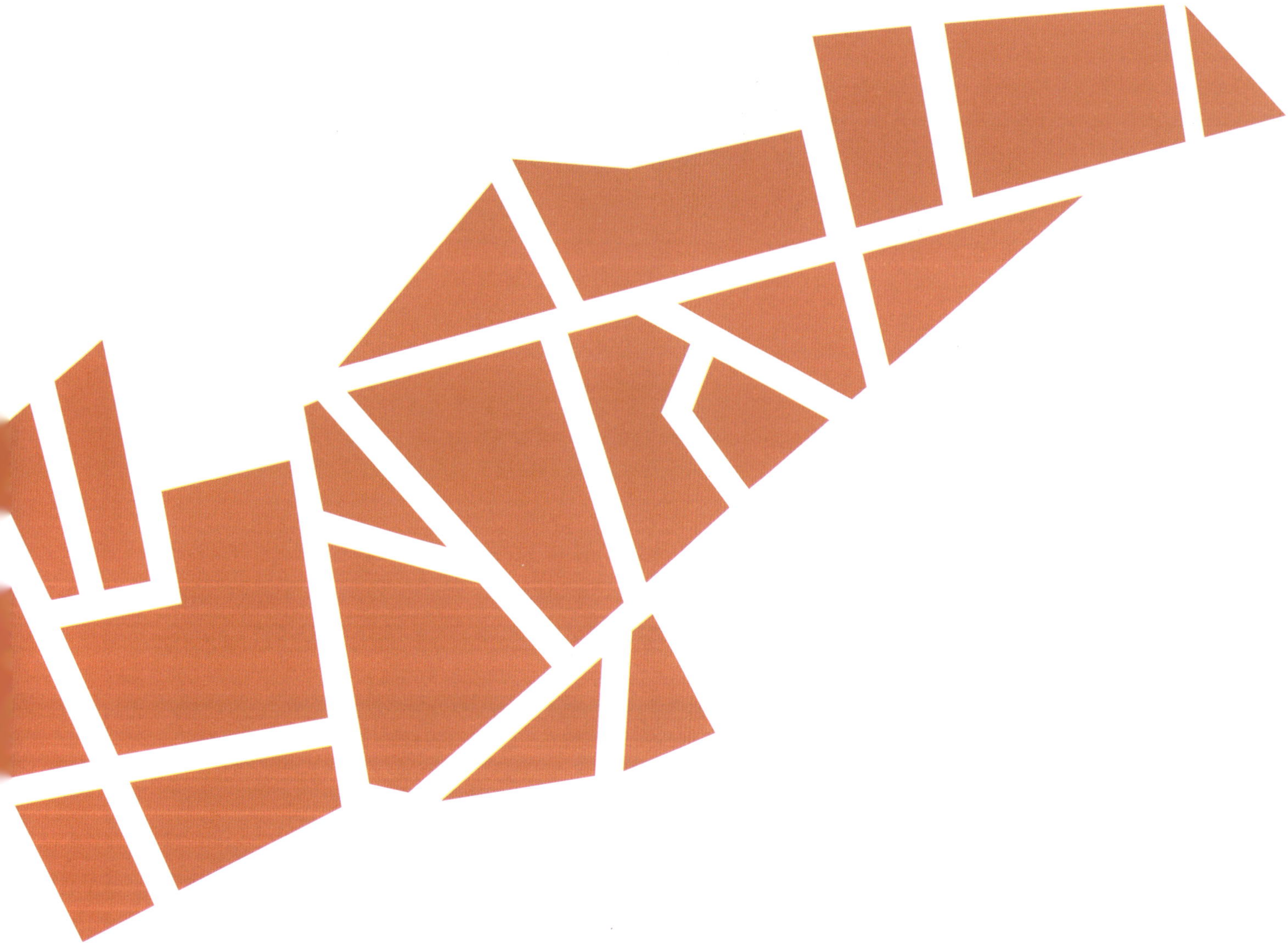

Capítulo 9

O futuro do pretérito

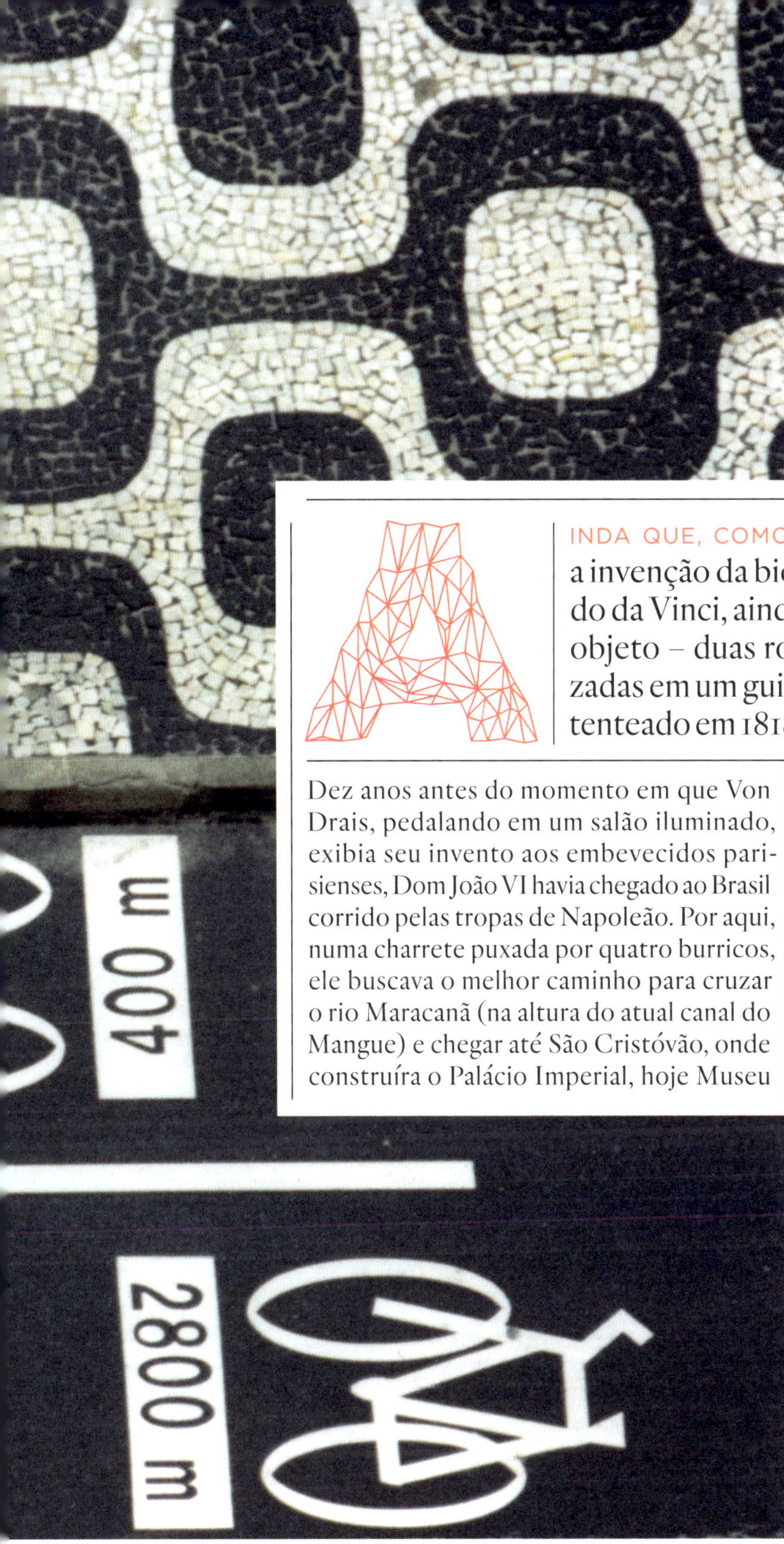

AINDA QUE, COMO muitas coisas no mundo da criação, a invenção da bicicleta tenha sido atribuída a Leonardo da Vinci, ainda no século XVIII, a verdade é que o objeto – duas rodas ligadas por um eixo fixo e finalizadas em um guia (ou guidão) manejável – só seria patenteado em 1818, em Paris, pelo barão Karl Vos Drais.

Dez anos antes do momento em que Von Drais, pedalando em um salão iluminado, exibia seu invento aos embevecidos parisienses, Dom João VI havia chegado ao Brasil corrido pelas tropas de Napoleão. Por aqui, numa charrete puxada por quatro burricos, ele buscava o melhor caminho para cruzar o rio Maracanã (na altura do atual canal do Mangue) e chegar até São Cristóvão, onde construíra o Palácio Imperial, hoje Museu Nacional, na Quinta da Boa Vista. Nesses quase dois séculos passados, tanto os burricos quanto as bicicletas mudaram pouco. Os lugares por onde transitam – especialmente as bicicletas, que agora podem ser vistas também em versões elétricas – no entanto, parecem um mundo novo.

O Rio de Janeiro, por sua geografia acidentada e por sua organização urbana, nunca pareceu o melhor dos lugares para o uso da

Faça chuva ou faça sol, a ciclovia de Ipanema integra uma importante e extensa via de transporte do carioca. Foto de Marcia Foletto, em 1993. Acervo Agência O Globo

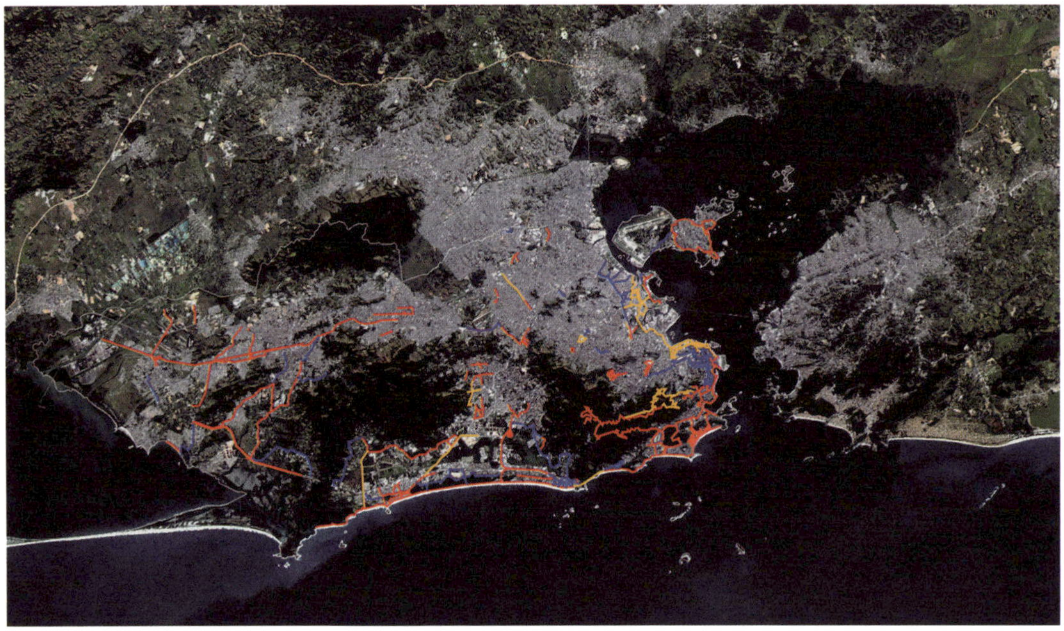

Mapa das ciclovias: cada dia mais expandido, hoje se pode cruzar da Barra da Tijuca para o Centro da cidade sobre duas rodas. Acervo Instituto Pereira Passos

bicicleta – pelo menos o uso fora do lazer. Os bairros são afastados uns dos outros, e o Centro da cidade, que abriga a maior parte dos locais de trabalho, apresenta um ínfimo percentual de residências. Pouquíssima gente mora no Centro. No Rio, tudo é longe. Acrescente o calor, o trânsito infernal, eventuais assaltos e os diversos túneis com pistas exclusivas para carros, e qualquer ciclista desistirá de pedalar por aqui. Com tudo isso, a partir dos anos 1990, o cenário das vias cariocas começou a se modificar – e surgiram as primeiras ciclovias.

Júlia Rodrigues, a filha de Helena, neta de Mariana, bisneta de Eduardo (e por aí vai, até chegar a Antônio, o que via o Rio de Janeiro do alto do morro do Castelo), adora zanzar pelas ciclovias da cidade. É uma forma recente de circular. As ciclovias começaram tímidas, ocupando as orlas das praias da cidade a partir de 1991, com as pistas de piso avermelhado que iam de Copacabana ao Leme, de Ipanema ao Leblon, de São Conrado à Barra da Tijuca. A ciclovia Rubro-Negra foi aberta em 1995, ligando o Leblon à Gávea.

Pelo outro lado da cidade, na enseada da Glória, em 1996, uma nova pista integrou as beiradas do Centro à Copacabana através da ciclovia Mané Garrincha. No mesmo ano, surgiu a ciclovia João Saldanha, ligando Ipanema a Copacabana através da rua Francisco Otaviano. O contorno da orla, do Leblon até a Glória (passando por Ipanema, Copacabana, Botafogo e Flamengo), estava desenhado. Mas a cidade é bem maior que a orla.

Em 2000, começaram a surgir projetos que possibilitavam aos ciclistas aproveitar trechos dentro do próprio bairro e em lugares próximos. A ciclovia que circula da rua

Pacheco Leão até a rua General Garzon fez a festa dos moradores do Jardim Botânico, em 2000. Muitos dos empregados da Rede Globo, que ocupa vários prédios no bairro, passaram a ir para o trabalho de bicicleta. Em 2002, Laranjeiras e Botafogo se integraram pela ciclovia Tricolor. Levar os filhos à escola, fazer pequenas compras, circular por lazer ou ir para o trabalho próximo são ações que começam a integrar o dia a dia do ciclista carioca.

Daí para a frente, a cidade foi sendo tomada pelas ciclovias. Algumas foram modernizadas e acopladas a novas, principalmente na Zona Sul e na Barra da Tijuca. A ciclovia que liga Botafogo à Lagoa é uma das mais concorridas, especialmente nos fins de semana, e se integrou à do parque da Catacumba na Lagoa, todas organizadas na primeira década do ano 2000. O Alto da Boa Vista, em 2000, recebeu a ciclovia de uso compartilhado que circula a Floresta da Tijuca. Barra da Tijuca, com a Ciclovia Eco Orla, de 2003, e a que liga a Barra a Jacarepaguá, também de 2003, completam o quadro de mobilidade na Barra, integrando-se, de um lado, à ciclovia da praia do Pontal, no Recreio dos Bandeirantes, e às ciclovias que se desenvolveram em Jacarepaguá e Curicica – Eco Curicica, em 2002. Também avançaram em direção à Prainha e a Grumari. Campo Grande recebeu a sua também em 2002, ligando Inhoaíba a Campo Grande. A Urca ganhou a sua em 2011, com o nome de Stuart Angel Jones, filho da estilista Zuzu Angel, morto durante o governo militar.

Em 2011, a ciclovia Inhoaíba-Campo Grande foi ampliada através da construção de 22 km de ciclovias que integram a cidade, ligando por 42 km os bairros de Campo Grande, Inhoaíba, Cosmos, Paciência, Santa Cruz e Bangu. Essa grande ciclovia se liga às estações da Supervia e ao BRT, no Corredor TransOeste. Por fim, novos trajetos são construídos entre bairros da Zona Norte, ligando o Engenho Novo à Vila Isabel e a Tijuca ao Grajaú.

Júlia mora no Grajaú. Depois que os pais, Helena e Raul, se separaram e Júlia teve idade suficiente para escolher seu destino, ela preferiu morar com a avó Olga, mãe de Raul, no Grajaú. Desde menina, quando passava os fins de semana na casa da avó, ela se encantara com o modo de vida naquele bairro que, muitas vezes, dá a impressão de ter sido tirado de outro lugar, de uma cidade do interior, e colocado com a mão na Zona Norte do Rio.

Em muitas de suas ruas, o bairro parece também não ter saído do meio do século passado. O Grajaú tem várias ruas só de casas, onde o homem do pão passa (de bicicleta, claro!) todas as manhãs oferecendo seu produto, tem o armazém que vende comida de passarinho, tem os botequins intocáveis, as árvores com algumas centenas de anos. Tem também, como na época dos tataravós de Júlia, as charretes que fazem passeios pelas praças. Mais que tudo, o Grajaú dá a Júlia a sensação de que poderia esticar ainda um pouco mais a sua juventude.

Júlia é estudante de design na PUC, na Gávea, e faz estágio em um escritório na Gamboa, especializado em produzir óculos a partir de sobras de madeira. As três coisas – o curso de design, a ocupação de bairros semiabandonados como a Gamboa e a Saúde (além de toda a região portuária, entre a praça Mauá e a rodoviária), bem como o uso de material reciclado, simbolizam um Rio de um novo tempo. Júlia pedala por parte desse Rio.

O trajeto entre a casa e o local do estágio é feito muitas vezes de bicicleta. Júlia sai pela rua Teodoro da Silva, via semiexpressa que corta Vila Isabel, até chegar nas imediações do Maracanã. Lá, ela faz questão de pegar a ciclovia que contorna o estádio e onde cruza com corredores amadores, com ciclistas de passeio e com homens e mulheres que caminham no local. Mais que tudo, ela – flamenguista como o pai – gosta de passar ali para lembrar dos dias de vitória do Flamengo, quando sentira o calor da torcida nas arquibancadas. Júlia é do tipo que pensa que estar no Maracanã torcendo pelo seu time – qualquer que seja ele – é se sentir ainda mais carioca.

Depois que sai da ciclovia do Maracanã, Júlia retoma a Radial Oeste, cruza a praça da Bandeira (rezando para não chover), sobre o viaduto que dá acesso à avenida Presidente Vargas e, lá de cima, muitas vezes tem vontade de frear a bicicleta apenas para poder ter mais tempo de olhar o eixo central da avenida que se abre à sua frente, a igreja da Candelária lá no fundo, como se abençoasse todos os que transitam por ali.

Da Presidente Vargas, ela sai pela esquerda, na altura da Central do Brasil, e toma o rumo da rua Marechal Floriano, onde, através de ruas transversais (muitas delas somente agora, depois do início das reformas no porto, conhecidas pela maior parte da população) chega até a Sacadura Cabral. A rua, que corre paralela ao morro da Conceição, um dos locais prediletos de Júlia, agora está tomada de novos bares, boates, casas de shows e locais históricos, como a pedra do Sal, para onde segunda sim e outra também, Júlia vai atrás de uma boa roda de samba.

Nos dias de trabalho, quando chega à Sacadura Cabral, em vez de virar para a direita em direção à pedra do Sal e à praça Mauá, ela embica sua bicicleta para a esquerda e cruza o cais do Valongo, principal ponto de desembarque dos escravos na cidade (quase um milhão de escravos passaram por ali), até chegar à praça da Harmonia. O escritório de design, um sobrado reformado como vários dos imóveis da redondeza, fica na rua do Livramento, a mesma rua em que, nos sábados de Carnaval, Júlia desfila, tocando tamborim, no Cordão da Prata Preta.

É esse o roteiro de Júlia na maioria dos dias da semana – nos dias de muito sol e de muita chuva ela opta pelo transporte público, de preferência o ônibus – quando vai trabalhar. Nos fins de semana, ela normalmente pedala em direção ao Alto da Boa Vista (algumas vezes chegando até a descer para a Barra da Tijuca via Itanhagá) ou à Quinta da Boa Vista. Tem vezes também em que ela quer estar mais próxima da avó Mariana. E por isso seu caminho necessariamente é o do mar.

Quando, naquele domingo radiante do Leblon, Mariana, já cansada, se encostou na bicicleta na altura do Jardim de Alah, pode sentir a felicidade invadir seu espírito – e quis, de alguma forma, aprisionar aquela sensação. Ela pediu à neta para registrar aquele momento em uma fotografia e, diante daquela situação (duas mulheres felizes, de uma mesma família, diante de um cenário maravilhoso), parecia que o Rio inteiro estava se espremendo atrás delas, como um papagaio de pirata se aproveitando da situação.

A paisagem que Júlia enquadraria por trás da avó – o mar, a cadeia de montanhas, o trecho de areia da praia, os prédios, o contorno avermelhado da pista, os ecos da Zona Norte por trás dos morros, a inevitável fumaça saída dos carros que passavam – é como a reunião de todas as histórias que se juntaram até aquele momento, a nostalgia e a vida misturadas nos olhos da avó, uma bicicleta que, por sua simplicidade, parecia ter sido retirada de um álbum de fotografias do tempo de seu bisavô Antônio.

Mariana sabe que nenhuma fotografia, nem a de seus maiores cartões postais, como o Cristo Redentor no alto do Corcovado ou o Pão de Açúcar, poderia resumir o que é o Rio de Janeiro – mas isso nem é necessário. O Rio de Janeiro tem a capacidade de se deixar revelar em seus pequenos detalhes, tornar-se reconhecível, como todo, por uma única parte. Algumas pedras do calçadão, o contorno da orla, as casas empilhadas nas favelas, o trilho do trem. O Rio que se abre diante de Mariana e Julia, na beira da praia do Leblon, será sempre uma criatura inquieta, uma cidade que aprendeu a juntar todos os seus recantos em um único cenário, todos os tempos em um tempo só.

Novos caminhos cariocas: túnel, trilhos e a ponte estaiada, com iluminação artística na Barra da Tijuca, que conecta os túneis que vêm da rocha até a estação Jardim Oceânico. Foto da Kaptimagem. Acervo CCRB

Ponte estaiada na Barra da Tijuca ligando BRT, metrô e avenidas. Iluminação artística do alemão Peter Gasper. Foto da Kaptimagem. *Acervo CCRB*

Bibliografia

ABREU, Mauricio de Almeida. *A evolução urbana do Rio de Janeiro*. Rio de Janeiro: IPP, 4ª ed., 2013.

ALENCASTRO, Luiz Felipe de. "Vida privada e ordem privada no Brasil Império", in ALENCASTRO, Luiz Felipe de (org.) *História da vida privada no Brasil*: Império. São Paulo: Companhia das Letras, vol. 2, 1997 pp. 11-93

ALVITO, Marcos; ZALUAR, Alba (orgs.). *Um século de favela*. Rio de Janeiro: FGV, 4ª ed., 2004.

ANDREATTA, Verena. *Cidades quadradas, paraísos circulares. Os planos urbanísticos no Rio de Janeiro do século XIX*. Rio de Janeiro: Mauad, 2006.

ARQUIVO NACIONAL. Fundo/Coleção: Decretos do Executivo – Período Imperial. Código: 22. Disponível em <http://www.camara2.gov.br/legislacao>. Acesso em setembro/2015

ASSEMBLEIA LEGISLATIVA DO RIO DE JANEIRO, Alerj. Disponível em <http://www.alerj.rj.gov.br/memoria/exposicao/roteiro/4.html>. Acesso em setembro/2015

BASILE, Marcelo Otávio Neri de Campos. "O Império brasileiro: panorama político", in LINHARES, Maria Yedda (org.). *História geral do Brasil*. Rio de Janeiro. Elsevier, 1990.

BENCHIMOL, Jaime Larry. *Pereira Passos: Um Haussmann tropical. A renovação urbana da cidade do Rio de Janeiro no início do século XX*. Rio de Janeiro: Secretaria Municipal de Cultura, Turismo e Esportes, Departamento Geral de Documentação e Informação Cultural, 1992.

BIANCHI, Silvia Soler. *Entre o café e a prosa. Memórias da Confeitaria Colombo no início do século XX*. São Paulo: Terceira Margem, 2008.

BIBLIOTECA NACIONAL. *Diário do Rio de Janeiro*, Ano XXVI, n. 7612, 29 set. 1847.

_____. *Gazeta de Notícias*, n. 227, 15 ago. 1907.

_____. *O Paiz*, maio 1900. PR_SPR_00006_178691.

BRANDÃO, Helena Câmara Lacé. "Janelas da liberdade", *Revista de História da Biblioteca Nacional*, 24 jan. 2011. Disponível em <http://www.revistadehistoria.com.br/secao/artigos-revista/janelas-da-liberdade>. Acesso em outubro/2015

CAMPOS, Alexandre e SILVA, Da Costa e. *Dicionário de curiosidades do Rio de Janeiro*. São Paulo: CIL, s.d.

CARLOS, Lisinha Luis. *A Colombo na vida do Rio*. Rio de Janeiro: Gráfica Olímpica, 1970.

CARVALHO, José Murilo de. "A guerra do vintém". Disponível em <http://www.revistadehistoria.com.br/secao/capa/a-guerra-do-vintem>. Acesso em outubro/2015.

CATACUMBA, a favela que virou parque, in *Vala Comum. Onde o buraco é mais embaixo*. Disponível em <https://valacomum.wordpress.com/2008/10/13/catacumba-a-favela-que-virou-parque/>. Acesso em outubro/2015.

COMPANHIA CAMINHO AÉREO PÃO DE AÇÚCAR. Disponível em <http://www.bondinho.com.br/historia-e-curiosidades/>. Acesso em outubro/2015.

COMPANHIA CAMINHO AÉREO PÃO DE AÇÚCAR. Disponível em <http://www.bondinho.com.br/segundo-trecho/>. Acesso em novembro/2015.

COPACABANA.COM. Disponível em <http://copacabana.com/praca-serzedelo-correia/>. Acesso em novembro/2015.

COSTA, Elisângela Azevedo Viana Gomes da. *Estudo dos constrangimentos físicos e mentais sofridos pelos motoristas de ônibus urbano da cidade do Rio de Janeiro*. Dissertação de mestrado, Departamento de Artes e Design, Rio de Janeiro, PUC, 2006.

DUNLOP, Charles J. Rio antigo. Disponível em <http://objdigital.bn.br/acervo_digital/div_iconografia/

icon239797/icon239797_item1/P16.html. > Acesso em setembro/2015.

DUTTON, Rafael Bomfim. *Estratégias e táticas nos trens da Supervia*. Dissertação de mestrado, Departamento de Ciências Sociais, Rio de Janeiro: PUC, 2012.

EDMUNDO, Luiz. *O Rio de Janeiro do meu tempo*. Brasília: Edições do Senado Federal, 2003.

FAUSTO, Boris. *História do Brasil*. São Paulo: EdUSP, 1995.

FELTRIN, Ariverson e SILVA, Marcos R. *100 anos do transporte público no Brasil*. São Paulo: Techibus Editora, 1997.

FRIDMAN, Fânia. *Anais do IV Seminário de História da Cidade e do Urbanismo*. URFJ/PROURB, 1996.

FUNDAÇÃO GETULIO VARGAS. *Atlas*. Disponível em <http://atlas.fgv.br/verbetes/rodrigues-alves>. Acesso em setembro/2015.

FUNDAÇÃO PARQUES E JARDINS. Disponível em <http://www.rio.rj.gov.br/web/fpj/exibeconteudo?id=4203019>. Acesso em outubro/2015.

FURLANETO, Audrey. "Na boca do povo", *Revista de História*, 1 maio 2012. Disponível em <http://www.revistadehistoria.com.br/secao/artigos-revista/na-boca-do-povo>. Acesso em setembro/2015.

GERSON, Brasil. *História das ruas do Rio: e da sua liderança na história política do Brasil*. Notas, introdução, fixação do texto, Alexei Bueno. Rio de Janeiro: Lacerda, 5ª ed., 2000.

GONÇALVES, Paulo Eduardo Borzani e REQUENA, Wendie Aparecida Piccinini. "Um século de transformações na habitação social do Brasil: documentação e análise do Conjunto Residencial Marquês de São Vicente – RJ". *Anais do Segundo Seminário Ibero-americano de Arquitetura e Documentação*. Belo Horizonte, 2011, p. 53-71.

HALLEWELL, Lawrence. *O livro no Brasil: Sua história*. 3. ed. São Paulo: Edusp, 2012.

INSTITUTO DO PATRIMÔNIO HISTÓRICO E ARTÍSTICO NACIONAL, Iphan. Disponível em <http://portal.iphan.gov.br/noticias/detalhes/657/primeiro-arranha-ceu-brasileiro-podera-ser-tombado-pelo-iphan>. Acesso em setembro/2015.

JEHA, Silvana Cassab. "Anphitheatrical Rio! Marítimos americanos na baía do Rio de Janeiro, século XIX", *Almanack*, n. 6, 2º semestre 2013, p. 110-132.

JORNAL DO BRASIL. "Queixas do povo". Novembro de 1900.

KELEMEN, Peter. *Brasil para principiantes. Venturas e desventuras de um brasileiro naturalizado*. Rio de Janeiro: Civilização Brasileira, 1963.

KIDDER, Daniel Parish. *Reminiscências de viagens e permanência nas províncias do sul do Brasil: Rio de Janeiro e Província de São Paulo, compreendendo notícias históricas e geográficas do Império e das diversas províncias*. Belo Horizonte/São Paulo: Itatiaia/EdUSP, 1980.

KOSERITZ, Carl Von. *Imagens do Brasil*. Belo Horizonte: Editora Itatiaia, 1980.

MATOS, Maria Izilda Santos de. "Pelas noites de Copacabana: Roteiro boêmio de Antonio Maria". Disponível em <http://copacabana.com/antonio-maria/#2>. Acesso em janeiro/2016.

MATTOS, Beth e TRAVASSOS, Alda Rosa. *Colombo 100 anos no dia a dia da cidade do Rio de Janeiro*. Rio de Janeiro: Companhia Brasileira de Artes Gráficas, 1994.

MAUAD, Ana Maria. "Imagem e autoimagem no Segundo Reinado", in ALENCASTRO, Luiz Felipe de (org.). *História da vida privada no Brasil*. São Paulo: Companhia das Letras, vol. 2, 1997, p. 181-231.

MENEZ, Alexsandro R. "Civilização versus barbárie: a destruição do morro do Castelo no Rio de Janeiro (1905-1922)", *Revista Historiador*, ano 6, n. 6, jan. 2014. Disponível em <http://www.historialivre.com/revistahistoriador/seis/6alexsandro.pdf>. Acesso em janeiro/2016.

MENEZES, Lená Medeiros de. "Reinventando a noite: o *Alcazar Lyrique* e a *cocotte comédiénne* no Rio de

Janeiro Oitocentista", *Revista Rio de Janeiro*, n. 20-21, jan.-dez. 2007, p. 73-74.

MONTEAGUDO, Clarice. "Conjunto Pedregulho é marco de arquitetura e inspira documentário, mas sofre com o abandono". Disponível em <http://extra.globo.com/noticias/rio/conjunto-pedregulho-marco-de-arquitetura-inspira-documentario-mas-sofre-com-abandono-527188.html#ixzz3xeEomwzH>. Acesso em dezembro/2015.

MOURA, Roberto. *Tia Ciata e a pequena África no Rio de Janeiro*. Rio de Janeiro: Secretaria Municipal de Cultura, Departamento Geral de Documentação e Informação Cultural, Divisão de Editoração, 2ª ed., 1995.

NEVES, Lucia Maria Bastos Pereira das e VILLALTA, Luiz Carlos. *Quatro novelas em tempos de Dom João*. Rio de Janeiro: Casa da Palavra, 2008.

NORONHA SANTOS, Francisco Agenor. *Meios de transporte no Rio de Janeiro. História e legislação*. 2 vols. Rio de Janeiro: Typographia do Jornal do Commercio, 1934.

PASSEIO PÚBLICO. Disponível em <http://www.passeiopublico.com/htm/construcao.asp>. Acesso em setembro/2015,

PINHEIRO, Manoel Carlos. Disponível em <http://bndigital.bn.br/redememoria/perpassos.html>. Acesso em setembro/2015.

RASPANTI, Marcia Pinna. "Entre cavalos e bondes: uma história dos transportes no Brasil", *História Hoje*. Disponível em <http://historiahoje.com/?p=831>. Acesso em setembro/2015.

______. "Um retrato do Rio de Janeiro colonial", *História Hoje*. Disponível em <http://historiahoje.com/?p=5186>. Acesso em setembro/2015.

REAL GABINETE PORTUGUÊS DE LEITURA. Disponível em <http://www.realgabinete.com.br/portalWeb/>. Acesso em setembro/2015.

REZENDE, Vera. *Planejamento urbano e ideologia: quatro planos para a cidade do Rio de Janeiro*. Rio de Janeiro: Civilização Brasileira, 1982.

RIO, João do. *As religiões do Rio*. Rio de Janeiro: Editora Nova Aguilar, Coleção Biblioteca Manancial, n. 47. 1ª edição: 1904.

RIOS, Adolfo Filho Morales de Los. *O Rio de Janeiro imperial*. Rio de Janeiro: Topbooks, 2000.

RIOTUR. Disponível em <http://www.rio.rj.gov.br/web/riotur/exibeconteudo?article-id=157688>. Acesso em setembro/2015.

SÁLES, Felipe. "Impunidade na cabeça", *Revista de História*, 5 jan. 2012. Disponível em <http://www.revistadehistoria.com.br/secao/reportagem/impunidade-na-cabeca>. Acesso em janeiro/2016.

SANTOS, Larissa Martins Neiva. *Pobreza como privação de liberdade: um estudo de caso na favela do Vidigal no Rio de Janeiro*. Dissertação de mestrado, Departamento de Economia, Niterói, UFF, 2007.

SENNA, Ernesto. *O velho comércio do Rio de Janeiro*. Rio de Janeiro: G. Ermakoff Casa Editorial, 2006.

SILVA, Beatriz Coelho. "Minoras unidas", *Revista de História*, 11 nov. 2010. Disponível em <http://www.revistadehistoria.com.br/secao/artigos/minorias-unidas>. Acesso em janeiro/2016.

TEIXEIRA. Luis Guilherme Sodré. "O traço como texto: A história da charge no Rio de Janeiro de 1860 a 1930", *Papéis Avulsos*, n. 38. Rio de Janeiro: Edições Casa de Rui Barbosa, 2001, pp. 1-52

V SEMANA FLUMINENSE DO PATRIMÔNIO, 11-12 nov. 2015. Disponível em <http://www.patrimoniofluminense.rj.gov.br/patrimonio-cultural/estacao-ferroviaria leopoldina-rio-de-janeiro>. Acesso em setembro/2015.

VON DER WEID, Elisabeth. O bonde como elemento de expansão urbana no Rio de Janeiro. Disponível em <http://www.casaruibarbosa.gov.br/dados/DOC/artigos/o-z/FCRB_ElisabethvonderWeid_Bonde_elemento_expansao_RiodeJaneiro.pdf>. Acesso em setembro/2015.

WEHLING, Arno e WEHLING, Maria José. *A formação do Brasil colonial*. Rio de Janeiro: Nova Fronteira, 1999.

Sobre o autor

ANTONIO EDMILSON MARTINS RODRIGUES é historiador e professor do Departamento de História da Pontifícia Universidade Católica do Rio de Janeiro (PUC-Rio) e da Universidade Estadual do Rio de Janeiro (Uerj), com especialidade na cidade do Rio de Janeiro. Publicou diversos títulos sobre o tema de sua pesquisa, entre os quais, *Confeitaria Colombo, sabores de uma cidade* (2012), *Nair de Tefé, destinos cruzados* (2004), *José de Alencar, um poeta armado* (2002) e *João do Rio, a cidade e o poeta* (2000). Atualmente está envolvido no projeto *Invenções, descobertas e reinvenções de uma cidade brasileira – o Rio de Janeiro em movimento*, no qual também se inclui a pesquisa *Bares e botequins tradicionais do Rio de Janeiro*.

A terceira cidade

Ensaio fotográfico de VALDA NOGUEIRA

A TERCEIRA CIDADE é um ensaio fotográfico de Valda Nogueira que tem como tema a mobilidade urbana no Rio de Janeiro. Na circulação diária pela cidade, munida de câmera ou celular, Valda conjuga sua experiência visual de passageira e de pedestre, atravessando a cidade do Santo Cristo, bairro onde mora, na zona portuária carioca, para diversas regiões a partir de atividades do cotidiano: renovar bilhete único em Campo Grande; visitar uma tia em Santa Cruz; uma festa na casa de amigos na Maré; um trabalho na Barra da Tijuca, um passeio pelo morro da Providência.

Nesses caminhos percorridos de ônibus, metrô, trem, moto-táxi, bonde, bicicleta, teleférico, plano inclinado, barca e também a pé, cruzam-se referências, formas e espaços. Como resultado de cruzamentos e dispositivos de sobreposição e invenção, nasce uma nova cidade, de fronteiras geográficas diluídas, mesclada e mutante.

Valda nasceu no Rio de Janeiro em 1985, filha de pai carioca, caminhoneiro, e mãe mineira, faxineira e babá. Morou em diversas regiões cariocas: Sepetiba, Vila Isabel, Tijuca, Maracanã, favela da Maré, Copacabana, Santo Cristo. Aos 19 anos ganhou sua primeira câmera fotográfica presenteada pela mãe. Descobriu através das lentes de uma velha Canon, primeiro os gatos, depois os companheiros de república estudantil e depois a cidade. Fez cursos no Senac e tornou-se fotógrafa profissional a partir da formação no projeto Escola de Fotógrafos Populares, na Maré. Passou a integrar o coletivo Imagens do Povo e hoje atua em diferentes projetos autorais de caráter documental. O que quer com a fotografia? Contar histórias, encontrar pessoas, interferir na realidade.

Para Valda, fotografar é sua maneira de estar no mundo: de percorrer, descobrir e inventar a sua cidade; a terceira cidade.

LUGARES PERCORRIDOS

Bangu, Barra da Tijuca, Campo Grande, Cascadura, Central do Brasil, Centro, Complexo do Alemão, Copacabana, Deodoro, Estácio, Flamengo, Gamboa, Guadalupe, Ipanema, Jardim Botânico, Lapa, Madureira, Marechal Hermes, morro Cantagalo, morro Santa Marta, Paquetá, Pavuna, praça Mauá, Rio Comprido, Santa Cruz, Santa Teresa, Santo Cristo, Sepetiba,

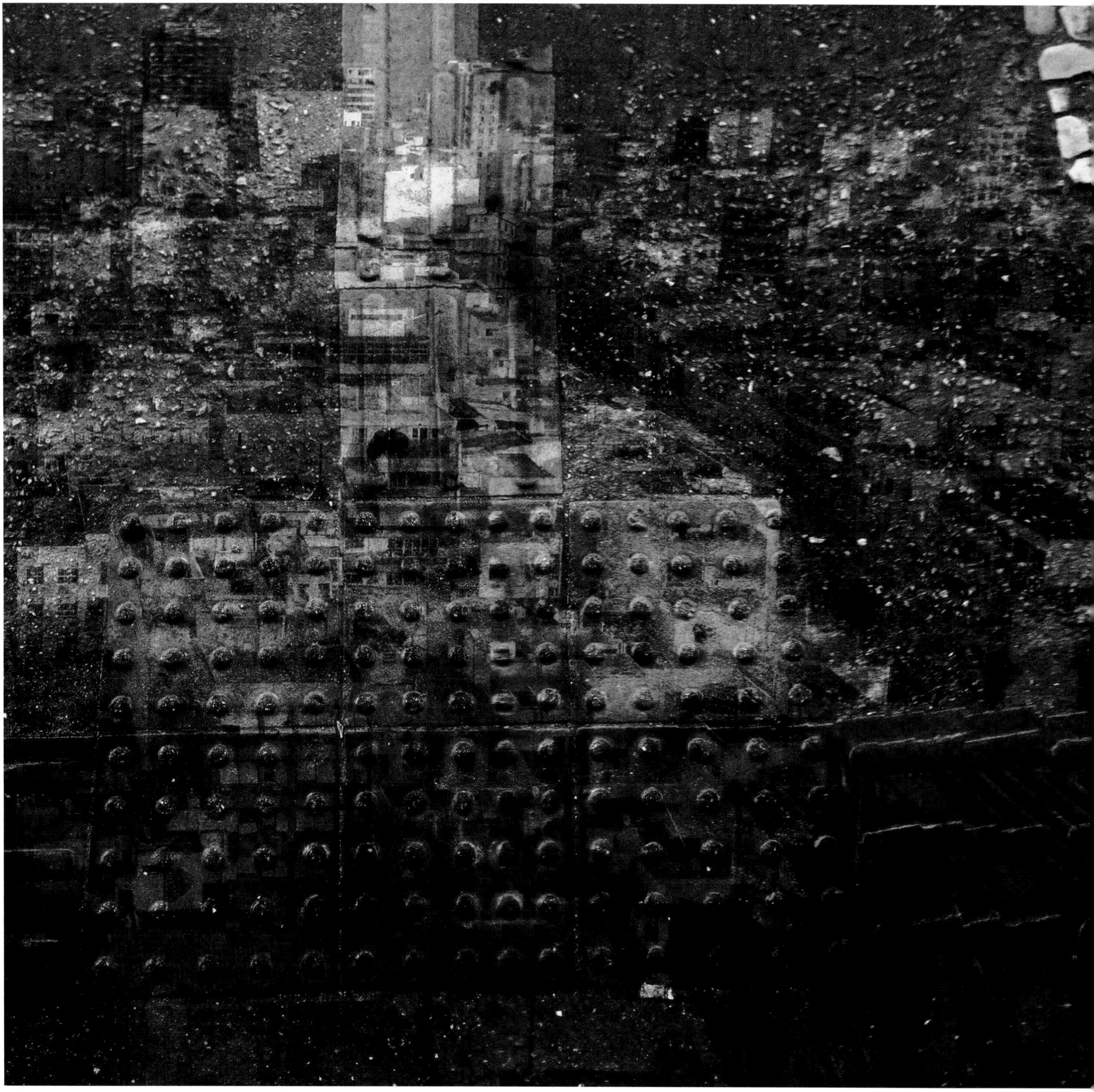

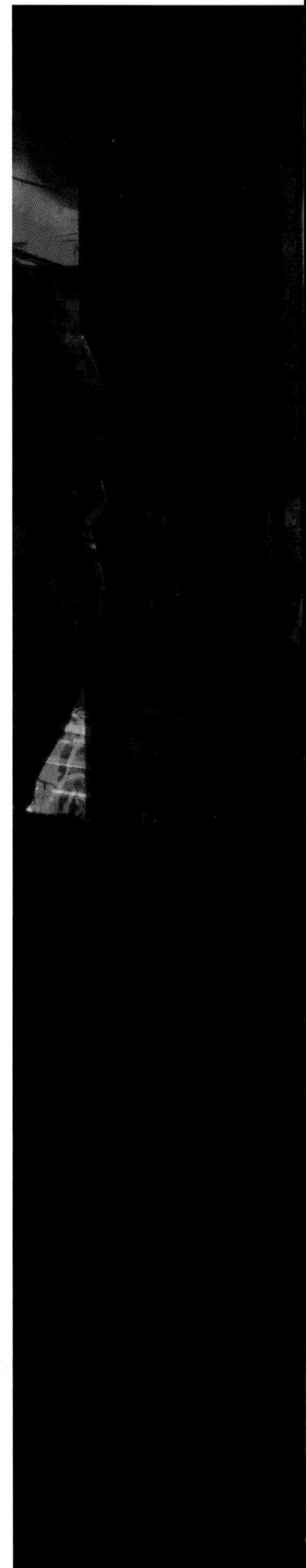

GUIMARAES
20

CENTRAL

NO BRASIL
DA CENTRAL

Cidade do

Rio de Janeiro

PULE A CATRACA

GERA GENTILEZA AMO
SSA CABECA NOSSO ME
OLA ENSINA OLADO POSI
OM PENCAMENTO NOSSO
DO PARAISO DE DEUS
O INFERNO DO
DO PURGATORIO
QUE PAIS É ESSE?

Este livro foi editado na cidade de São Sebastião do Rio de Janeiro, no inverno de 2016, e impresso em papel ofsete 120 g/m² e cuchê fosco 150 g/m² pela gráfica Rona. Foram usados os tipos Gotham, Quarto e Tungsten, de Jonathan Hoefler.

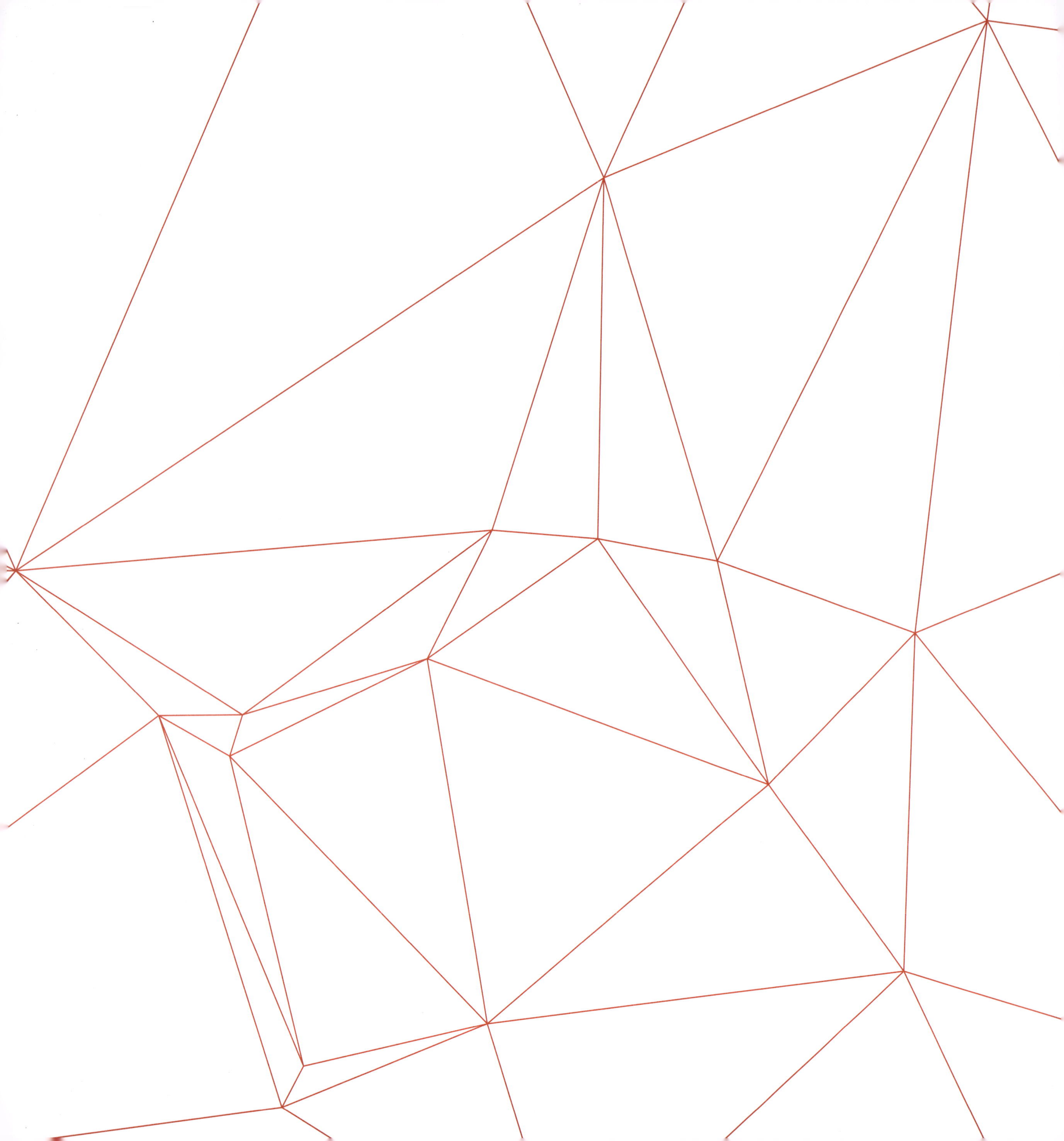